雲
師
星
大

如是說

我能讓人接受嗎？

前言

星雲大師曾經這麼說：「來世，我會回來看你們。」

緬懷星雲大師，今《星雲大師如是說》套書出版，是大師應答時人、弟子，心開意解的禮物，希望讀者受用。在套書成形過程，我們深刻體認，星雲大師一生是信願行的展現。

「小朋友，你要出家做和尚嗎？」一個因緣。

「要啦！」年方十二的孩子把握住。不懂出家的意義，就這麼回了，一言既出，歷經磨難也不後悔。**是信**：相信自己能、會、可以、做得到！

貧乏的戰亂時代，十七歲的星雲大師得了瘧疾奄奄一息，他的師父志開上人差人送來半碗鹹菜，感動於師父無聲的關懷及期許，發心願盡形壽，將全副身心奉獻給佛教，以報師恩，**是願**。

二十六歲落腳宜蘭雷音寺，以文化、教育為重心實踐願心，成立宜蘭念佛會、佛教歌詠隊、學生會、青年弘法團、環島布教、弘揚大藏經等等，於縫紉機上完成《釋迦牟尼佛傳》、《玉琳國師》。這時，人間佛教藍圖已然擘劃。一九六七年高雄總本山佛光山開山，通過各種布施、結緣，領四眾集體創作，厚積福德因緣六十年，以文化弘揚佛法、以教育培養人才、以慈善福利社會、以共修淨化人心，持續佛光照五洲，**是行**。

大師用一生體證，「信願行」是做人處事、團體共事、利益眾生最方便的法門，是一門「應用管理學」，從個人，到我在眾中的社會，或眾中有我的天下間，道理皆是如此。

星雲大師這期歲月未曾空過，為了佛說的、人要的、淨化的、善美的，用盡人生三百歲，如今以星的光明臨照人間，以雲的姿態雲水時空。大師不要我們仰望，要我們看緊眼前、腳下，見到自己、他人，並於世間創造且隨順因緣，因為，因緣不會辜負我們。

緣著這份星雲大師為人間所帶來的感動，香海編輯團隊自《星雲大師全集．如是說》選編六百篇，析分為《壹說個人事》、《貳說社會事》、《參說天下事》三冊。書裡標出若干大師美好的思想配以繪圖，也必會有我們與大師相應的心裡話，都是大師充滿智慧的祝福跟期許。

大師說人生最大的敵人是自己，更說菩薩一切講說都是叫我們做自己的主人，準備好不怕辛苦，提升、超越自己，與人間、世界廣結善緣了嗎？

別讓星雲大師回首，如回首阿彌陀佛，對我們說：「太慢了！」

星雲大師如是說 貳 說社會事

前言 004
1 萬佛萬人結萬緣 010
2 佛光盛會共結法緣 012
3 人和的重要 014
4 散播快樂的種子 016
5 遇事要柔和安忍 018
6 以無盡燈照亮社會 020
7 心淨國土淨 021
8 團體要建立「人和」 022
9 為學處眾之道 026
10 糾正其過於無形 028
11 執著不能解決問題 029
12 如何把心找回來？ 031
13 工作應有的觀念與態度 032
14 眼光要遠大、寬廣 034
15 從人學到佛成 037
16 唯有謙虛才能受益 039
37 給人迴轉的空間 075
38 委屈是甘露 077
39 說OK擁有福德因緣 079
40 用心與佛感應 080
41 典座行堂之道 081
42 困難中找出路 082
43 為人著想是佛法的體現 083
44 要自我評鑑 085
45 人生的路沒有僥倖 087
46 研究自己的心 088
47 給的人生最美麗 090
48 要先做義工的義工 091
49 一句好話有無上功德 092
50 對人好就有好前途 093
51 人成即佛成 094
52 老師要不怕問題學生 095
53 包容讓身心和諧 097
74 觀念的創新 130
75 待人之道在慈悲 132
76 機會是給求進步者 134
77 被人領導是本領 136
78 度眾要「耐煩」 137
79 要感覺別人的好 138
80 真好人不怕批評 140
81 薪火相傳，希望無窮 141
82 做事全力以赴 142
83 從反省中學習 143
84 給青年的開示 145
85 以平常心看人事 147
86 團隊要彼此尊重感謝 148
87 冤家仇敵是貴人 149
88 要賺到人心 151
89 領導與被領導 152
90 學習被人領導 154

17 以無情覺有情 042
18 做一個會聽話的人 043
19 學習做觀世音 044
20 敢，要正派 047
21 如何做好住持主管 050
22 改、等、柔、敬 052
23 認識自己 054
24 眼睛要看芸芸眾生 056
25 溝通的技巧 058
26 管理自己的心 061
27 如何增長菩提心？ 063
28 有願心也要有因緣 064
29 團體共識很重要 065
30 心中要有人 066
31 管理要給人空間 068
32 團體要以和為貴 069
33 一百元的偉大 070
34 給人因緣 072
35 佛法教化要有教無類 073
36 無為而治 074
54 寧可多做不怕犯錯 098
55 五乘佛法 099
56 利益歸於常住大眾 100
57 給是崇高富有 101
58 節約能源愛護地球 103
59 把常住看重、看大 104
60 有播種就有收成 105
61 媒體要有因果觀 107
62 懂得他人的需要 109
63 轉辛勞為幸福 111
64 要會聽話 112
65 飲食的修行之道 114
66 懂得攝受人才 116
67 成功要有助人的性格 117
68 以佛心看人心 118
69 人生是一部大書 119
70 凡事無求，就不會灰心 121
71 從內心自我發電 124
72 領導人要有心量 125
73 給人利用是大用 128
91 從小悟到大悟 155
92 身為文化人要問心無愧 156
93 知客要廣學多聞 157
94 長養正念、正見 158
95 企業的核心是尊重員工 162
96 無限的大心 164
97 安然是財富 166
98 安於苦行加速成就福德 168
99 藝術是真善美的工作 169
100 運用錢財的智慧 170
101 以客為尊 171
102 凡事要說「有辦法」 172
103 給人一碗稀飯也要合掌 174
104 一件事是眾緣所成 175
105 一半一半 177
106 辦教育要讓人如沐春風 179
107 處事哲學 181
108 人我之間是同體共生 182
109 給人教訓是福氣 183
110 學習做老二 184

111 「仁」是心中有別人185
112 眾緣成就186
113 創業維艱，守成不易187
114 談義工的管理188
115 善知識189
116 走向社會的條件192
117 不要辦公室194
118 慈悲要有智慧195
119 因緣分享197
120 幸福與安樂何處來？198
121 佛魔各占一半199
122 包容就是空201
123 百萬人興學行腳托缽202
124 忙是營養，忍是力量203
125 第一屆星雲教育獎204
126 世間最重要的就是好人205
127 法語不是斷吉凶206
128 宗教有力量安定社會207
129 轉壓力為動力208
130 發願做菩提燈210
151 如何教導學生？237
152 開會做什麼呢？239
153 主管與部下240
154 做人之道243
155 愛護大眾才是價值245
156 幸福靠感覺246
157 空掉心中的地獄247
158 三好校園培養好國民248
159 了生脫死的真義250
160 善用有我、無我的巧妙252
161 聰敏靈巧254
162 半碗鹹菜的意義255
163 放生不如放人257
164 因緣比競爭重要258
165 體育助長弘法度眾260
166 讀透這一本「人」書261
167 警察是土地公263
168 學習鸚鵡救火264
169 與大師面對面265
170 人生的意義是融和大眾266

131 成功的要訣212
132 學習建立「通道」214
133 學習注意自己的動作215
134 每個人都擁有世界216
135 開悟，是一種靈巧217
136 我能給人什麼？218
137 留下來服務，給人來玩219
138 開店永續經營的條件220
139 彼此要諒解不懂之處221
140 人，很重要222
141 對大家好，對人好223
142 選擇良田播種224
143 人才比建設重要225
144 修行不一定是拜佛226
145 宗教實踐與大師文學創作227
146 參學的重要228
147 契合根機就是「方便智」230
148 傳禪法之人在哪裡？232
149 吃虧不要緊234
150 做一個出家人具備的條件235

171 感謝的藝術268
172 不貪圖高利，不計較得失271
173 你好，我好，大家好273
174 發心只有增加不能減少274
175 看得破，就有得過276
176 一顆蘋果，滿滿心意279
177 化敵為友創造雙贏280
178 先給人282
179 成長靠自己，成事靠集體284
180 防疫做己觀音285

1 萬佛萬人結萬緣

一九七九年十一月三十日晚上八時，
本山舉行萬緣水陸法會的薰壇灑淨儀式，由五大師共同灑淨。

灑淨之後，大師以三點開示信眾：

一、從大雄寶殿三寶佛入定相，到大佛城彌陀佛度眾生像，皆是應身佛。法身佛如如不動，應身佛則應化世間，有活活潑潑的生活；我們每一個人也是一樣，有時要過如如不動的生活，有時要過應化世間、救度眾生、自覺覺人、自度度人、自利利人的生活，才能與佛陀「三身為一體」的妙法相應。

二、大乘佛教的精神，可以用中國四大名山的四大菩薩「悲、智、願、行」為代表。過去大德常發願朝拜四大名山，過程中花費了不少時間。今天我們從大悲殿拜到大智殿，可以說禮拜了二大菩薩的道場：一是大慈悲的觀音菩薩，一是大智慧的文殊菩薩。我們也應學習菩薩精神，有時用慈悲法門，自利利人；有時用智慧方便，自度度人。有「慈悲」，如人有手腳；有「智慧」，如人有雙眼，兩者缺一不可。因此，應化世間，應具足「慈悲」與「智慧」。

三、佛光山上人多、佛多。有萬佛，有萬人，應該要廣結萬人緣，所謂「未成佛道，先結人緣」。萬緣具足，自然萬事如意，事事皆可成就。

最後，大師祝福大家能把歡喜、慈悲帶回去給周圍的每一個人，這就是真實的參加了「法會」。

2 佛光盛會共結法緣

一九七九年十二月一日起，本山舉行萬緣法會。晚上七時三十分，信眾集合於大雄寶殿成佛大道參加「普佛」。

法會結束後，大師開示說：舉辦萬緣法會，是希望大家從萬丈紅塵、從娑婆世界，走到清淨的佛土；從虔誠恭敬中，進入佛國世界。在此懺悔、消災、發願，增長自己的福德因緣。

大雄寶殿裡，有一萬四千八百尊佛像，圍繞著我們；大佛城有四百八十尊阿彌陀佛——從四十八願延伸到四百八十願，為我們加被。佛在世時有「靈山一會」，今天大家值遇佛光盛會的「萬緣法會」，要明白，世間最寶貴的，不是黃金白玉，也不是高樓大廈，最可貴的是「緣分」。人與人要有緣，才能和好；人與事要有緣，才能成功；人與社會、事事物物、你我他等，都要有緣，才能圓滿功德。

今日在萬佛懷抱中，廣結萬緣，所謂「十方來十方去，共成十方事；萬人施萬人捨，共結萬人緣」。萬緣法會是佛光山一年一度的大法會，願大家能年年參加，也希望人人都有一願：願度一切有緣人來此共結法緣。

3 人和的重要

一九八三年十一月二十六日下午二時，大甲念佛會一五〇位蓮友特地來山參加為期三天的萬緣法會。

灑淨後，大師為信眾們開示：「本山之所以舉行傳授在家五戒、菩薩戒暨啟建萬緣法會，是要以佛法建立良好的自他關係。人在世界上，不可能單獨生活，必須與他人建立關係；有的人生活得快樂，是因自他關係的因緣處得好，反之，則會處處不如意。

佛教中常提的自利利他、自度度他、自覺覺他，都是在說明自受用、他受用的關係。要常奉行『你對我錯、你樂我苦、你有我無』等原則，在忍讓、恭敬、謙虛中，與人相處，可以得到很大的好處。

舉辦萬緣法會的目的，要讓大家知道：一個人不能單獨存在，不管是吃飯、穿衣、睡覺、坐車，都與人有關係，有萬萬千千的人為『我』付出，『我』為何不能結萬人緣？不結緣的人生，是不能放大的。在日常生活中的一笑、一語、一投足，都可以跟人結緣；給人方便，就是給自己方便。

來這裡受五戒，就是以『不殺生』與眾生結緣；用不侵犯等與眾生結緣。今日受五戒以後，在社會上的自他關係，一定可以處得很好。」

4 散播快樂的種子

一九八六年一月六日晚上九時三十分，台視新聞《熱線追蹤》節目以「散播歡樂的種子就從你我開始吧！」為題，特邀請大師及天主教羅光主教、基督教周聯華牧師、回教馬經武監察委員，以及台大心理學教授賈志宏女士，就目前社會暴戾的風氣提出對治的方法。

針對日益敗壞、澆薄的社會民心，大師認為改善社會風氣之方，莫過於導正觀念，以及加強心理的建設。所謂「三界唯心、萬法唯識」，心就像工廠，設備好，運作正常，產品優良；設備不好，不但產品劣質，也會破壞環境，造成汙染。因此，須具有正見、正信、慈悲、智慧、忍耐，就能美化身心。

世間上的富有不是真富有，貧窮也不是真貧窮。佛教常說，知足第一富，慳吝第一貧，我們應該去發現內心無價的財富。

大師也建議，大眾傳播媒體應該多多宣揚因果觀念。如果人人都有因果善惡的觀念，人人都能受持佛教的五戒，便能遏阻犯罪事件叢生。

「在紛爭、動亂的人際關係裡，如何獲得和諧快樂？」大師提供了四個妙方：

一、你對我錯。二、你大我小。三、你有我無。四、你樂我苦。

最後大師也呼籲社會大眾，人人應該懷抱感恩的胸襟，感謝父母、師長、社會大眾、國家，施予我們的恩澤，我們才得以生活美滿。每個人要感謝種種因緣，進一步與社會大眾廣結善緣，共同為創造安和樂利的社會而努力。

5 遇事要柔和安忍

一九八六年六月九日，大師到嘉義圓福寺巡視，並為即將分發到各單位實習的畢業生開示。

佛經上說：「天下最大的力量，是忍耐的力量。」自古剛強必先毀敗，就像牙齒雖比舌頭剛利，卻比舌頭容易蛀壞或損毀。柔能克剛，至柔的水能穿透至剛的岩石；以柔和安忍的心來處事，再艱難的事也能迎刃而解。對於即將到各單位實習的大家，我有幾點意見貢獻：

一、要有承順言教的性格：我常感覺到佛弟子誦經聞法，只是奉持「半部經」，為什麼？

每一部佛經開頭都是「如是我聞」，結尾是「信受奉行」。佛弟子通常只做到「如是我聞」，不能做到「信受奉行」。原因是許多人沒有承順言教的性格，聞而不信，受而不行，如飄浮無根的蓬草，如何深植於大地？有承順言教的性格，如水易受於器，如種子播植於地，才能落實穩健，卓然有成。

二、要有從善如流的作風：佛教的基本要義，根本上在教導我們，對於世間的萬象不起執著，才能獲得解脫。

《雜阿含經》說：聞善言不著意，不具備做人的條件。聽到好話，不用心把它記下來，無法成為自己所有；聞善言無法從善如流，或不願去耕耘實踐，只想要摘取成果，這種遊戲人間的輕慢態度，喪失做人的資格。

三、要有虔誠恭敬的態度：待人謙恭有禮，是現代人必備的條件。

佛經說世間有四小不可輕視，四小指小王子、小龍、星星之火、小沙彌。小王子未來長大將掌國政，成為一國之君；小龍將來成為大龍，能興風雨；星星之火，可以燎原；小沙彌是佛教未來的龍象，可以承擔如來家業。四小不可輕忽，一切眾生更不可驕慢對待。

《法華經》的常不輕菩薩，逢人就合掌禮拜，因為在他看來，一切眾生都是未來佛，因此要虔誠禮敬。如果我們能將一切眾生看作未來的佛陀，真心的尊重恭敬，我們就擁有了佛心。

6 以無盡燈照亮社會

一九八八年九月一日（農曆七月二十一日），各別分院信徒陸續回山，預備參加翌日的佛光山供僧法會。晚上七時三十分，千餘位僧信四方雲集，在大雄寶殿參加普佛。法會圓滿後，大眾先將手上的燈置於成佛大道上，就地而坐，聆聽大師開示。

大師說：「佛教是重視孝道的宗教，今日我們在做人做事上，如有一點光榮，應該將光榮歸於佛陀；有一點成就，應該歸於親人、長輩；當然更是在座信徒所護持的，所以在我心目中，成就應歸於大眾。」

最後，大師祝福勉勵大眾：「《維摩詰經》中有一個無盡燈法門，一盞燈可點燃一百盞燈；一百盞燈可點燃千萬盞燈；千燈萬燈可點燃無盡燈。大家都是佛光山的無盡燈，希望你們把這無盡燈照亮社會的黑暗。」

7 心淨國土淨

一九八九年十二月十九日晚，大師應社會大學之邀，於台北太平洋崇光百貨十二樓，以「佛教對社會問題的看法」為主題，為社會把脈治病。

大師說：「當今人心與社會犯了六大毛病，即：一、國土生病了，二、時代生病了，三、社會生病了，四、感情生病了，五、經濟生病了，六、心靈生病了。」

大師以六帖良方醫治這六大毛病：

一、明了因果。二、受持五戒。三、感恩之心。四、慚愧之心。五、包容之心。六、惜福之心。

大師希望社會大眾都能用惜福、感恩、慚愧、包容這四心，對治貪心、瞋心、癡心、疑心；並且人人建立因果觀念、受持五戒，期能從自心淨化，進而擴大到整個國土的清淨。

8 團體要建立「人和」

一九九〇年七月十九日，大師分別至高雄壽山寺、普賢寺，台南慧慈寺、福國寺等別分院巡視。

每到一處，大師都殷殷垂詢徒眾在弘法工作及個人修持上，是否遭遇困難？又針對大眾提問，一一給予指導。

首站到達壽山寺，隨後前往普賢寺，在佛光書局巡視一周，慰問工作人員的辛勞後，直上普賢寺十樓，於會客室與住眾接心。

首先，大師讓大家提出問題，再針對問題開示：

一、訓練自己：勇於在大眾面前，提出自己的問題；並以至誠厚道的心，指出別人的錯誤。所謂「事無不可對人言」，應儘量在大眾面前提出問題，一方面也能提供大家一起來討論學習。

二、寺廟的功能是「弘法利生」：我們每日所為，幾乎都與信徒有關，因此，有很多事不是在辦公桌上辦得了。每個人要儘量從辦公室走向佛堂、殿堂、客堂、講堂、廚房等，多與信徒接觸，也就是人人都要做全能的知客師。

三、團體要建立「人和」：要擁護領導中心，尤其對資歷淺的主管更應護持、服從。自古以來，老臣對皇上也都是畢恭畢敬、唯命是從。人人要建立護持領導中心的意識，千萬莫作「監察委員」，不要專挑毛病。內部要儘量減少人我是非的困擾，對外才有力量。

四、對前輩師兄要讚歎：不可私下批評、更不可傳播是非，要「觀德莫觀失」。

五、上下要溝通：要抱著誠心來解決問題，而不是存心找碴或發洩情緒。

六、學習耐煩，凡事不著急：所謂「十年樹木，百年樹人」、「未成熟的果子不甜」，因此大家要耐得住時間的磨鍊、考驗。

七、對信徒要有耐心：尤其要耐煩傾聽信徒的困難，最後要有結論、有見解，並以指導性取代解釋性，讓他有被了解，被重視的感覺。

八、在本分的工作之外，應發心參與其他的工作：多方面的學習、充實，訓練自己具有多方面的才能，要有「以一當十」的承擔。

大師說：「天下事，先從改進自己、健全自己開始。」一番開示後，大眾心領神會，歡喜信受。

第三站於午後二時三十分抵達台南善化慧慈寺。走進寺門，弟子們已經有所準備，歡喜地向大師接駕。

大師聽過弟子的報告後，除了指導如何自修、接引信徒之外，對本山三年一調的政策，大師開示說：「水要流動，才會清；人要流動，才有機會多學習，人格才能健全。就如好的樹木經過移植後，不但不會枯萎反而更茁壯。所以，我們要做一棵禁得起移植的樹木。」

接著勉勵大眾：「在個人修持與弘法工作上，要『利他不忘自修，自修不忘度眾』。平時應多多閱讀有思想發的勵志書籍，尤其是報紙的社論，讓自己跟隨時代的脈搏跳動，才不致與社會脫節。」

最後抵達台南福國寺，聽取住持依培法師報告大殿需要重修的狀況；依詮法師報告慈航托兒所目前的辦學情形，以及未來的發展方針與理想。

大師親切地為托兒所老師開示：「做一個幼教老師，思想要跟得上時代，要主動、熱誠，尤其今日是個有動作、有聲音、有色彩的時代，而每個人最美的色彩，就是臉上的笑容。」

9 為學處眾之道

一九九〇年九月五日，本山叢林學院各級學部於東禪樓舉行新學年度開學典禮，共有本山男女眾學部及台北北海學部、基隆學部、中部彰化福山學園、嘉義圓福學園等，各級學部新舊生五百餘人參加，恭請大師主持、開示。

大師以四句偈開示「為學、處眾之道」：

會意接受要改過，應對表情加忠心；

思惟貫通風儀好，發心主動計畫多。

大師說：「佛法不完全是知識，因此凡事不僅要懂得，更要會意，能會意才有佛法。**對世間的一切都要能接受，不僅接受好的，也要能接受壞的；不管有理、無理的都要接受。**一個人能接受無理的磨鍊，在真理面前自然能服從。

做錯事要勇於改過、革新，把身口意三業的貪、瞋、癡煩惱，轉化成為戒、定、慧三種慧學。人我之間要懂得應對之道、臉部要有表情，而且要自然，佛法本來就是佛性自然的呈現。

對自己的信仰要忠誠、堅定，才有內心的動力；要訓練思惟，做事懂得融會貫通，處事要有從容、優雅的威儀風度，要肯主動發心，做事要有計畫……。」

四句話當中，總共包含了十二件事。大師希望同學在今後的學習生活中，能用心揣摩，善加思惟。

10 糾正其過於無形

一九九一年十月十一日上午八時，大師於本山法堂，與佛學院訓導處、國際學部、研究部的老師座談。

大師慈示，身為訓導人員：

一、多一分關愛，少一分問題。糾正其過於無形之中，不以傷害同學尊嚴為要。

二、培養同學開誠布公及面對問題的胸懷，凡事講清楚，說明白，自然減少是非糾紛。

三、讓同學多參與公務，融入團體中，可以成立「公務發心獎」，以獎勵其對常住寺務的熱心。

最後，大師一再強調：「老師應站在輔導的立場，多以『同理心』隨時解決學生的需要與困難，所謂『春風化雨』者是；而不是站在管教的位置，指責這不可，那不對，這會讓學生心生排斥，反而失去了教導的功效。」

11 執著不能解決問題

一九九二年三月八日，大師在高雄普賢寺，一位信徒到佛殿禮佛後，預備離去，在電梯間巧遇大師。

信徒請教大師：「我的孩子很優秀，卻沒自信，很在意別人對他的看法，別人期望他怎麼樣，他就怎麼做，所以他一直都不快樂、不自在，我應該怎麼去建立他的信心呢？」

大師回答：「孩子小的時候，經常都會說『我媽媽說的』，媽媽最偉大；上了幼稚園，他會說『老師說的』；進入小學、初中，變成『我同學說的』；到了大學，就是『我女朋友說的』，這就是因為他需要的東西慢慢在變化。因此，不是他心愛的人，或他崇拜的人說的話，他就反彈，有偏見。

有的老師會打小孩。為什麼打小孩？必定是這個老師沒有別的本領、方法，只有用『打』來解決問題。其實除了打罵，還有別的方法，對於不同年齡層的孩子都要用愛的教育，也要注意愛的表達，這在佛教裡面叫作『方便』。

砒霜毒藥雖然能害人，但如果使用得當也能救命，同樣的，化導孩子也要能觀機逗教，給予權巧方便的啟發，不可執著，執著不能解決問題。」

12 如何把心找回來？

一九九二年九月三日，大師應高雄市警察局邀請，在中正文化中心「至德堂」，以「把心找回來」為題，作專題演講，高雄市警察局所屬員警及眷屬有二千餘人前往聆聽。

市警局姚高橋局長因鑑於員警平時工作繁忙，危險性高，而且經常面對社會的黑暗面，時間一久，將對身心造成不良影響，因此，特邀請大師對員警做精神鼓勵。

大師指出「心」是一個人的主宰，善惡之心常在我們的一念之間，只要心中有主，外界環境便無法動搖自我。許多人因為迷失自我，才造成社會的亂象。

如何把心找回來？大師開示六點法要：

一、把孝順的心找回來。二、把感恩的心找回來。三、把慈悲的心找回來。四、把懺悔的心找回來。五、把包容的心找回來。六、把責任的心找回來。

最後，大師期勉所有員警：「以『人民的保母』自許，以慈母般的心情，幫助社會上誤入歧途的人把心找回來，使每一個人都能發揮心靈的力量，社會自然一片祥和。」大師精采的演說，博得全體員警、眷屬熱烈的掌聲。

13 工作應有的觀念與態度

一九九三年六月二十四日起兩天，
大師關懷佛學院結業生在常住各單位實習的工作情形，
及實習中所面臨的各種問題，特於本山麻竹園祇園廳與結業生座談，
讓結業生在實習期間所面臨的難題、感想，有請益與暢談的機會。

大師針對結業生提出的問題一一給予指導外，開示大家在工作中所應持有的觀念與態度：

一、建立佛門倫理和工作態度：長幼有序，要明了人事與工作上的主從關係；對工作要熱心、賣力。對主管的缺失不加批評，常住會處理，輪不到後進晚輩來論說。要樹立自己的形象，對佛門倫理要重視。

二、發揮服務的熱忱和處事的擔當：「偉大」的背後要付出多少代價、辛酸、血淚，不要因為一句話、一件事而鬧情緒、頹喪，要有愈挫愈勇的擔當。

三、培養學習的精神和求教的謙虛：「活到老，學到老」、「生也有涯，學也無涯」謙虛求教，是自我成長的階梯。

四、調度人事的融和和生活的歡喜：人是為融和而來到人間，為歡喜而生活的。反觀自己，一年中發了多少牢騷？對生活有多少不歡喜？

大師鼓勵大家：「要學習出巧妙來、服務出慈悲來、相處出尊重來、體會出無間來（合作無間）。**工作環境的好壞，都是自己修行的道場，也是培養慈悲的地方；人與人相處要『同中求異，異中存同』，共同發心**，這份維護常住的信念不可改變。」

在歷時一天半的座談會中，大家對於實習以來所遭遇的困惑，都得到紓解，更增加自己對佛法的信念。這次聚會，讓大家感受到常住的慈悲，以及大師對大眾的關懷。

14 眼光要遠大、寬廣

一九九四年二月十二日，午齋後跑香時間，侍者向大師提問。

侍者問：「如何管理心中的惡念？」

大師說：「我們內心有三個法，不容易管理。

一、驕傲：驕傲，就是貶低別人，認為自己高高在上，抬高自己。要怎麼對抗驕傲？唯有奉行：你好我壞、你對我錯、你大我小、你有我無。

有一次，樊遲向孔子請教如何種莊稼。孔子說：『我不如老農。』樊遲又請教如何種菜。孔子說：『我不如老圃。』從這段話，我們可以看出孔子是一個謙虛的人，自己不會，絕不裝懂。他坦然的在學生面前，承認自己不如老農，不如老圃。

人際間的相處，有一個重要的祕訣，就是謙虛。一個人的學識再好，如果高傲不知謙虛，難受主管的青睞；一個人的容貌再美，如果自負不知含蓄，難受他人的讚美；一個人的能力再強，如果不懂得忍讓，難得他人的友誼。

二、嫉妒：嫉妒，來自於和別人的比較，也就是『見不得別人好』，這是人的劣根性。對於別人比自己漂亮、比自己有學識、比自己有能力，甚至看到別人升官發財，就嫉妒他、打擊他、障礙他，不僅損人，又不利己，何苦來哉？

其實你要再想一想，別人好，對我們也有利益，比方你有德、有能，我跟你走在一起，我也很榮耀；甚至你有錢建造大樓，下雨的時候，我可以在你的走廊上或騎樓下躲個雨。人比人氣死人，不要跟別人比較，要學會與『自己』比較，就容易看到人家的優點；如果懂得欣賞他人優點，總有一天，自己也有機緣在這一個領域進步。

三、貪念：貪念，就是有了，還想再有。大多數人的貪念是毫無止境的。有些人即使已經可以一生錦衣玉食、名車豪宅，享用不盡，卻還是覺得財富不夠。貪心是很苦的。假如要改變貪欲的心，就要學習『捨』，乃至給人一個笑容、一個問好、一句好話。能廣結善緣，人家也會回饋於你，這不就是一種良性、互惠的因果嗎？

世間上的人，常因一時貪念，眼光短淺，只注意到眼前的利益，沒有想到將來。生活在人間，不要太急功好利，眼光要遠大、寬廣，只要對人間有利的事，要多贊助、鼓勵，多將歡喜給人；善意也會在世間流轉，很有可能在你無助時，剛好流轉回到你的身邊。」

侍者聽後，若有所思，感謝大師慈悲指導。

15 從人學到佛成

一九九四年四月十四日，有一位剛入佛門、皈依大師的孫姓企業家，在佛法開示的課程中，向大師提問。

孫姓企業家問：「人是社會性、群居性的動物，不可能離群索居，所以做人處事非常重要；因此在現實社會中要如何處眾呢？」

大師問這位企業家：「你今年多少歲數了呢？應該有五十歲了吧。通常人從十歲開始學習做人，到現在五十歲，經過了四十年，應該對做人也有相當的認識了吧？」

大師接著說：「我是做和尚的，和尚的事情以講經說法為主，生活上非常的簡單；在家人不可能跟我們一樣那麼簡單，所以怎麼樣做人、處眾？你自己認真的想想，也會有很好的答案。不過，今天你既然問了我，我也貢獻你一些佛法的觀念。」

大師開示說：「首先要做到家和。五十歲的中年人，除了孝養雙親，妻子、兒女大約都有了，首先要致力於家庭的和諧，人和家慶，家庭若不和諧，煩惱多，日子也不好過。為了家和，自己要能吃虧、忍耐，給家人謀福利；要嚴以律己，做為子女學習的模範與榜樣。另外，要養成閱讀的習慣，甚至帶動家庭的書香。要建立宗教信仰，同時學習結緣、慈悲、做好事，以身教重於言教為典範。

自己做人做得很好，後繼的子孫學習你，還怕家庭不和睦，還怕處眾有困難嗎？做人處眾是一門大學問，有心學佛者都要好好從『人學』做起，把人做好，自然『人成即佛成』。」

這位孫姓企業家表示：「雖然學做人已經幾十年，今日聽大師一席話，才深深感覺自己的不足，希望將這些做人之道，用在家庭與事業，相信人生境界會更上一層樓。」乃合十感謝而去。

16 唯有謙虛才能受益

一九九四年八月二十九日，大師在本山麻竹園法輪堂，為今年應屆畢業、結業生，做任職前的叮嚀。

大師提出三點對人事調派的看法，提供同學參考：

一、世間上最繁雜的問題，就是人事問題，一個有智慧的人，不會去執著人事上的煩惱，即使是切身的問題，也可直接請教於大職事或單位主管，不需道聽塗說，也不必表示任何意見，否則對自己都是不利的。

二、調派到哪個單位都應抱持平常心，把工作看成是學習、是修行，一切的好與不好都以平常心來看待，但該調整的心態或思想，也要適當的來調整。佛法說：「常住以無事為興隆」，能夠影響我們的力量，大部分是自己的性格。

三、到新單位任職後，不要想：別人應如何待我；而要思惟「我該如何與人相處及協調」。我們所認定的好與壞並沒有一定準則，凡事要能接受及忍耐，自然能形成一股向上的力量。對於人事上的差別待遇，不要太計較，要懂得承擔，尤其要有一顆學習、包容的心。用一種結緣的心態，來協助解決常住及眾生的問題，才能留給單位主管一個好印象。

接著，大師開示分發後應有的態度：

一、不可私交信徒：修道人要能克制自己的喜怒哀樂，對於信徒的讚美與恭敬，要能時時心存正念，否則法身慧命可能因此而斷送。一件事的好壞，自己心中應有標準，不需要受到別人太多的影響。

二、不可好吃懶做：若是大眾偶爾為了乘興，聯誼聚餐倒也無妨，但嚴禁有個人的飲食積存。出家人首重供養心，好吃懶做，只會浪費個人的福報。

三、批評和怨言是無意義的：出家人要有慈悲，不要太在意自己的問題，要多想到佛教及眾生的問題；真正煩惱的產生大都由自己的知見、心念而來。結業出去後，正知正見要建立，「非佛不作」是正知正見。此外，同學也要時常慚愧自己有所不足，還有許多度眾上的方便尚未學習，唯有謙虛能容才能自他受益。

大師叮嚀與人相處之道，要知道幾個重要的課題：「尊重、讚美、給人信心、給人歡喜、給人希望、給人方便。對於想出國弘法者，應具備語言條件外，還要能耐煩做事，與人良好共事。男眾同學要學習耐煩，不要失去團體，更不要急於出頭。要學習做配角，不要只想做主角；不明配角的擔當，往往主角也扮演不好。懂得把自己本分事做好的人，才是有智慧的人。」

17 以無情覺有情

一九九四年十月十一日，澳洲中天寺信徒陳秋琴居士，帶領三百位婦女到中天寺向大師請法。

大師首先舉出佛陀時代幾位在家婦女的典範，勉勵婦女要以佛法美化家庭、端正婦德。並以三點勉勵大眾：

一、親子教育問題：要以愛、感動來教養子女，與子女良好溝通，成為子女的朋友；養成子女有禮貌的習慣、接受的習慣、聽話的習慣及良好的生活習慣，要以鼓勵代替責備。

二、夫妻相處之道：要以愛來贏得愛，彼此要如陽光般溫暖對方；很重要的是彼此要共同成長，才會有生活與人生的話題。

三、處事方面：「以有理對無理」、「以有情對無情」，這正是大乘菩薩的「以無情覺有情」。

18 做一個會聽話的人

一九九六年二月二日上午八時三十分，大師由住持心定和尚及永莊法師等人隨侍至高雄普賢寺，與全體住眾及佛學院日文班同學接心。

大師說：「團體中『自知之明』很重要，要能明白自己的優、缺點，若自身條件不足，則要虛心接受別人的建議或教導才會進步。與人相處，不要太過計較、比較。修行是在修自己、要求自己，改掉自己的劣習。每日行一善，從小事做起。有的人太好講話，把能力都講完了；有的人太不愛講話，則能力不能發揮。所以講話適中很重要，更重要的是要做一個會聽話的人。」

19 學習做觀世音

一九九六年六月二十五日，大師在本山如來殿會議室為今年度畢、結業生開示。

大師說：

一、接受分發應有的心態：不論分發到哪個單位裡，能適應、歡喜、心甘情願，到哪裡都好；不適應、不歡喜、有成見、不以為然，則哪裡都不好。社會上說「畢業即失業」，在佛光山，此事不會發生，這是我們的成就。

二、做觀世音菩薩，有幾個特點：

（一）大慈悲：道場最需要的是慈悲的人，而不是「阿修羅」。人人都把最好的位置用來供奉觀世音菩薩，就是因為他的大慈大悲，成為眾生的依靠。

（二）大自在：菩薩有大自在，到哪裡都好，心淨則國土淨。

（三）大勇猛：菩薩有大勇猛，三十二應化身，什麼事都做、什麼人都見，從不退縮、從不揀擇。

（四）大智慧：凡事皆以大智慧指引眾生趨向正道。

（五）大無畏：再困難的事、再剛強的眾生，都不畏懼、不捨棄的勇敢前去度化。

（六）平等心：國王、大臣、童男、童女，一律平等觀。

（七）尋聲救苦：哪裡有苦難，就往哪裡去解救。

不管自己學問、道德有多少，想辦法學做觀世音菩薩，不管走到哪裡都受人歡迎。

三、畢業生調到外面服務，被退票原因何在？

（一）遇事都嫌別人不好，實際是自己不好。這表示學藝不精、學道無成。

本領高者先要求自己，不是急著要求別人。

（二）雖然畢業，卻不了解佛光山、不了解佛教、不了解自己。了解自己很重要，人貴於自知。

最後，大師勉勵大家：

一、不要想別人怎麼待我，要想我怎麼待人，能為別人奉獻的才是偉大。

二、沒有播種，怎會有收穫？真正的佛弟子要做善法的傳播者，不做問題人物。

三、做人要比個人修養、心量、道德、慈悲、風度等。修道人活潑中要不失莊嚴、穩重。

20 敢，要正派

一九九七年七月二十三日上午，
大師於如來殿會議室，與佛學院應屆畢業生座談開示。

大師請每位同學講出對自己最受用的一句話。

乘藏同學說：「要敢，敢承擔。」

大師說：「『敢』很重要，要大敢，要勇敢，要敢當。若是怕難，怕苦，怕人怪，怕閒話，就沒人敢要你了。譬如從政者都是『敢』才當選；做生意者都是『敢』投資，才能成功。又如佛光山的覺行法師，他獨自一人在佛羅里達，時而奧蘭多，時而邁阿密，而佛羅里達比我們台灣還要大；覺泉法師也是一個人在北卡建道場，來往的信徒，大部分都是大學教授及大學生。但現在大家對於『敢』的精神極為缺乏，所以對任何事都不敢當。」

大師再次叮嚀同學們：「『敢』，並非盲目，而是要膽大心細；『敢』，並非亂來，而是要正派。」

張國義同學說：「感恩的心，柔軟的心。」

大師說：「唯有感恩，內心才會富有。現在的年輕人，萬千恩情都不顧，譬如我買巧克力給大家，這在海關不易帶入境，況且你們人多，所以每個人只能分到小小的一顆。又如過去的人溜單走了，我會去看看他的房間，為何不住了呢？為何不喜歡這床鋪、這座位呢？你不喜歡，我會感到很遺憾，這就是『天下父母心』。我再看到我送給他的熱水瓶、手電筒，被甩在地上，你可知道，那裡面有我多少的情意呢？你說大家都有，沒什麼了不起。其實，正是因為大家都有，才顯得寶貴。」

大師接著說到：「過去的人即使失敗了，但仍為他的國家盡忠，譬如電影《筧橋英烈傳》裡，抗日名將張自忠將軍起義失敗了，許多的日本兵包圍國軍，但忠烈者為感謝國家栽培，受國家恩惠，唯有以死報答。」

另外，大師談到：「有人說，進了禪堂參禪後，氣質變得柔軟許多。當知，一個人若是固執、剛強，時間久了，終究會失敗的。」

最後，大師再次叮嚀同學們：「感恩就不會有煩惱，有一顆感恩的心，自然就會生出許多的方便，得到更多的幫助，受到眾人的欣賞；心眼中看不到恩情者，走到哪裡，人家都不要你。」

21 如何做好住持主管

一九九七年十月十三日，都監院於本山麻竹園召開例行住持主管會議，恭請大師出席指導。

如何做好住持主管，大師提出五點建議：

一、如何被人領導，如何領導人：一個好的被領導者，要接受主管的領導，令其歡喜、接受。傳燈會、都監院要在徒眾就職前，舉辦職前訓練。主管要以身作則、付出更多，保持謙虛和藹的風範。對於處眾嚴苛者，傳燈會應加以考核。主管要記得時時以愛心、熱心、耐心來領眾。

二、如何學習，如何教人：我們都還是有學位的菩薩，必須勤於學習。不開口，只是隱藏缺點；沒有學習的性格，無法進步。應學會把字寫好、把話說好，學會法務、法器、寫文章、待人處事等等各種「佛光性格」。

三、如何縮小自己，如何放大自己：每個人都要學習因時、因地、因人，能大能小、能進能退、能高能低。自己要承認是薄地凡夫，不輕心、不慢心。

也要懂得何時應當仁不讓、何時直下承擔。

四、如何獨處，如何處眾：獨處時，只是睡覺、打妄想、起煩惱嗎？處眾，要學習與信眾、男女眾、年長者、年幼者、社會大眾（無論是支持我們或反對我們的大眾）的相處之道。

五、如何用心，如何無心：不用心、沒思想，做事就無法靈巧。對佛教要多用心，對自己要少一點煩惱心，最好是「無念無我」的「無心」。要學會惜福、惜緣，獨立、處眾，自知、知人，入世、出世。

22 改、等、柔、敬

一九九八年五月十三日，應住持心定和尚恭請，大師於本山如來殿與全山大眾普參。

大師說：「師徒會面要交心、接心、談心、印心，才算是師徒。」接著以「改、等、柔、敬」四個字勉勵大眾：

一、改：期許自己心靈改革，生活習慣改進。時時反省自己：思想純正否？關懷常住否？內心清淨否？如果心靈不能淨化，幾年下來，依然如是，原來的我執不能放下，又如何能進步呢？改變自己，使自己有更寬廣、更周全、更善美的人生。時時想到改造自己，每天期許自己有一改，一年下來必定成績可觀，也必然受到大家的歡迎。

二、等：不怕等，要能踏實地做，耐煩地等。時間可以養成一個成功的人，年輕人「不能等」是致命傷。讓歲月慢慢地過去，累積福德因緣，韜光養晦之後，前途必有希望。要對自己有信心，所謂「道」，是由忍耐所成。學習做人、做事，都要能等；能等，是一種養深積厚，有厚實的內涵，才會有美好的人生。

三、柔：培養柔和的性格、柔和的語言、柔和的風度，「柔」能長能久。以柔和的慈悲心，調伏頑劣的心；以和平、和藹的心，對待人事；以柔軟的心，去除得失心、比較心、計較心、瞋恚心。

四、敬：恭敬三寶，恭敬信仰，「六和僧團」要彼此互相恭敬。語言的恭敬，行為的恭敬，內心的恭敬，處處都是恭敬，表示你能認同他人的優點；有欣賞的雅量，才能促進社會進步。

23 認識自己

一九九八年七月六日下午二時，佛光山叢林學院各級學部，於嘉義南華學舍召開「聯合講習會」，恭請大師教授「認識自己」。

大師表示，現在的青年有許多毛病須要修正，例如：

一、不懂得合作：讓人領導不服氣，領導人又不會，這樣如何在團體中求生存？即使是眼耳鼻舌身意，也要分工合作，發揮不同的功能，人才能生存。想要讓人接受，就先要接受他人，先尊重他人，關懷慈悲待人。

二、做事不主動：與人說話，就得主動，還要學會接受他人的批評。說錯話不要緊，懂得改進，才會進步。若一味的猶豫，容易錯失良機。

三、沒有慚愧心：慚愧心是進步的動力，凡事慚愧就有力量，而且在慚愧之中，易增長道念，自然發菩提心。

四、做人不坦白：凡事能講清楚，說明白。我們的毛病，就是好虛名，不誠實。做人要坦白，不要忘記自己所擁有的真誠、真情、真意，這些都是人生道上的另一種財富。

五、做事不發心：成天懶洋洋、不用心，心地不能開發，菩提種子又如何能開花結果？不發心謂之懶惰，發心的人即勤勞者。世上的因果是相對的，發心才有成就。

六、要能夠耐煩：早期出家的徒眾比較能耐久、耐煩，現代的人對時間不耐煩、不耐久，要求快速成就，獨立門戶。時間可以成就一個人，成功的祕訣在於守時，有時間觀念，這是一種信用。成功之二是要忍耐、忍飢，忍苦容易，但是要忍氣、忍委屈不易。不過，每忍一次，人生的體悟就多一分。要成功必須忍辱，忍耐是偉大的力量，能夠成就一切。

七、言行要一致：寧可吃虧不要緊，但說出來的話要兌現，不能失信他人。

八、要培養道氣：變化氣質，開發正見、正思惟、正語、正業、正命、正精進、正念、正定的八正道，就是道氣。數十年的培養，慢慢就能看出人的道氣。

24 眼睛要看芸芸眾生

一九九八年七月九日，
為讓即將分發到各單位服務的叢林學院應屆結業學生，
能早一點進入工作狀況，傳燈會連續舉辦兩天的「職前講習會」，
恭請大師於如來殿會議室為同學開示。

大師說：「主管懂得通權達變，能和屬下互相往來，才是開明的行政作風。但一件事情因立場、角度不同，看法也不一致。主管和屬下之間，主管不好，才能顯出自己的好。因此，不能只要求主管，更需要自我要求。能幹的部下不會妨礙主管的尊嚴，反而可以補其短缺。一個人若很能幹，會多受一點折磨；不能幹，就要多受一點委屈。」

大師又說：「與主管相處，要分擔主管的工作，隨順主管的要求，讚美主管的優點。每天要與主管碰面一次，主管主持的會議至少要有二次發言。為人屬下要和眾、忠厚、廣結善緣，隨時替人服務。在團體中除了會做事，用餐時間要準時，不要讓人掛念我們是否有用餐。在大眾中點點滴滴的舉止言談，都要樹立形象。

『管理』是要橫遍十方，豎窮三際，凡事要周全，要深入，要廣博。『報告』是一種責任，也是一項成績，不報告的單位就形同虛設；報喜不報憂，問題是不能解決的。主管要多擔當，更要有與屬下同赴艱難的共識，才能解決問題。要做一個理想的領導人，必定要先學會給人領導，不負責任的人，是不可能當主管的。

一個人眼睛不要只看自己，或只看某一些人，要看芸芸眾生。也就是說，眼中要有世界眾生。社會的架構是因緣所形成的，是全體，不是個人；是共體，不是單一，彼此是建立在互助上的。」

最後，大師也勉勵大眾：「修道者要帶三分病，比較容易啟發道心；健康時，也要常做醫想、病想……。藥物對疾病的治療是有極限的，唯有心中的毅力不可思議。」

25 溝通的技巧

一九九八年七月二十四日晚上七時，傳燈會舉辦「調職講習會」，恭請大師於本山如來殿會議室講授「溝通的技巧」。

大師說：「人與人之間的溝通是雙向的，現在大家不懂得溝通，所以雙方不良。例如：對主管總是說不要、不服氣，以自己的意見為主，這就雙方不良。不知道雙向溝通的重要性，更不懂公眾倫理、工作倫理，就會產生做人處事的不良印象。」

談到長老的做事態度，大師不禁有感地說：「圓寂的平和尚對任何事都是OK，從不拒絕，凡事依教奉行；對於我交代的事，從不違背。現今的徒眾能做到嗎？慈莊法師、慈惠法師、慈嘉法師等人個性不同、意見不同。但是他們的不同，為了常住、為了大眾、為了佛教、為了眾生，可以沒有私心，從不計較爭執，能互相體諒，保有共同的默契，不分大小你我，大家同心協力，不爭名奪利。你們能做到嗎？他們在工作上是絕對和平共處的。」

接著大師列舉數點，希望徒眾們能夠反思：

一、本來出家就是要向善知識學習，但是常住發展得太快，來不及一一教導，只有靠自己承擔、學習成長，懂得付出、貢獻。出家為的是什麼？就是要來承擔如來家業。

二、自己要懂得慚愧，把握善因緣，發心幫助別人，不要嫌棄任何人。有過失就應處理反省，多方溝通，自然有人護持你。如果對自己都認識不清，又如何認識佛法？如何發心？如何進步？如何運用佛法？

三、同事間的溝通，應該互相提攜，直接諫言。大慈悲的供養，是道理要說明；大智慧的供養，是分析不同的見解、不同的看法；大勇敢的供養，是敢負責、敢擔當、敢直言，如此，彼此間都能改進成長。

四、從佛學院畢業出來，法務應該都要學會，而不是臨時抱佛腳，說「我不會」，就不做——這是自己的缺失。與大眾相處應該融和，不要孤僻，要從善如流。沒有個人「歡喜」與「不歡喜」的事，為了常住、為了弘法，應該盡力而為地去做。

五、對主管不僅要報告、溝通，還要關心、體貼、體諒主管的辛勞。不與主管計較，就不會兩敗俱傷。主管的話總是比較有力量的。

26 管理自己的心

一九九八年八月九日中午十二時三十分，本山舉辦的兩天一夜「假日修道會」修持圓滿，大師於如來殿大會堂為參加的信徒開示。

大師說：「參加修道會，等於是到山上來加油，回去之後，人生可以跑得更遠。其次是來尋找：慢慢發現內心的世界，是來找心，找自己，找尋『道』的。我們的心不照顧，大限一到，萬般帶不去，只有業隨身。因此，要洗淨貪、瞋、癡三毒，讓內心的煩惱、無明消除，人心才能淨化。人體如村莊，若住了不聽話的五官，心王怎麼領導？所以自己應該把『心』管好。」

談到佛經的管理法，大師說：「像阿彌陀佛的極樂淨土，環保做得很好，交通不阻塞、地面平坦、樹木茂盛、水質清潔，人民都是諸上善人聚會一處；那裡沒有各種煩惱、沒有經濟困難、沒有男女糾紛，心地如蓮花，到處都是念佛、念法、念僧，是一個理想的世界。

《觀世音菩薩普門品》裡，觀世音菩薩救苦救難，給人幫助、服務、方便；三十二應化身，救助不同階層的人士，應根機而交流，所以觀世音菩薩也是心理管理專家，只要你能一心稱念聖號，菩薩不會捨棄你。

因此，我們若能為身邊周遭的人歡喜讚歎，給人利益、方便、慈悲、布施、愛語，人間必能相安和諧。同中有異，異中有同。互相跳探戈，人與人之間有進退、忍讓，我們的世間就是極樂世界。

現代社會亂象，怕人不怕鬼，所以每個人都要學習管理自己，學習菩薩的做人處事。管理自己的心，心善則行事皆真善美，心如天地包容一切。因此，心如田地，播種什麼？生長什麼？全看自己如何開發心田。希望我們的種子是智慧、慈悲，將來必然開慈悲花、收智慧果。」

大師又說：「忙是營養，忙就有精神，沒有時間老，沒有時間煩惱。發心把自己忙起來，世間的功德、財富、人緣、福報、德行、成功、未來的希望，都是靠自己忙碌修出來的。

大家有緣來此相聚修行，應互相禮讓，尊重包容，互相廣結善緣，把幸福平安的佛法帶回家，讓生活品質提高。」

27 如何增長菩提心？

一九九八年八月十五日上午八時，大師巡視台東日光寺、花蓮禪淨中心。晚上，掛單於花蓮禪淨中心，與徒眾小參。

大師說：

一、一個人有沒有用，就要看他是否願意給人家因緣。不去障礙、為難人家，就易招感好因緣。要學習讚美他人，不時將佛法給人，做一個散播歡喜的使者。

二、在開會時，能發表意見，能提供看法，不做旁觀者，也是擁護主管的方法之一。

三、如何增長菩提心？除了發心立願，重要的是需要時間、因緣以及歷練，才能有所助長。菩提心好發，長遠心難持。如何保任？要常常自覺，自我觀照，自然會用心護持這個菩提「心」念。

28 有願心也要有因緣

一九九八年八月二十六日，台北道場早會報，大師隨緣出席指導。

大師說：「思想如同血液一樣，與思想不同的人共事，如同輸入不同型血液一樣，會彼此排斥，所以彼此要能互相包容、尊重。做事要成功，除了有願心，也要有因緣。『未成佛道，先結人緣。』平時要廣結善緣，這是做人處事不可少的條件。

不依規矩、自我任意行事、欠缺團隊精神，不容易成事。佛門對人我的相處很平等，沒有地域、人種、男女、尊卑的區分，所以才容易凝聚一些不同社團的人，並團結之。」

29 團體共識很重要

一九九八年八月三十日下午二時，國際佛光會中華總會理監事、督導、分會會長的聯席會議於本山如來殿舉行；會議前大師應邀和佛光會幹部接心。

大師說：「一件事情的成功，『共識』很重要，沒有共識，縱使有力量，也會互相抵銷。你有你的主張、我有我的計畫、他有他的辦法，大家各行其道，一切的理想因人力資源分散，就不容易達到目標。所以大家要學習凝聚共識，要學習聆聽他人的意見、聲音，彼此建立商議的橋梁，團體才有發展的前途。祝福大家心意相通，達成和諧美好的共識。」

30 心中要有人

一九九九年一月十一日，海外歸來的徒眾至法堂銷假時，正好有信眾要拜見大師，大師雖然依約會見信徒，但在會客前一分鐘，仍然惦記著，致電關心這個海外徒眾。

深怕徒眾從海外回來，不熟悉山上的地理環境，大師善用零碎時間，予以觀照。隨侍侍者感動之餘，詢問大師：「師父，為什麼您總是能讓人感受到用心與關心呢？」

大師回答：「這要是沒有人帶他，他是海外回來的住持，又是外國人，我就掛念，他懂得知道都監院在哪裡？去哪裡安單、辦公嗎？所以，我趁空檔趕緊打電話關心他：『某某，你現在到山上哪裡啊？你有找到地方嗎？』就是希望他初回到山上，不至於感到山上冷漠，就藉那麼一分鐘，也要補救、補強。」

大師接著說：「做人，這就要學習——『心中要有人』。做人難，其實要學也不難，只要你肯得心中有人，懂得為人著想。所以，我母親教訓我：『你怎麼可以無我相、無人相呢？』他說你要無我相可以，但怎麼可以沒有人相呢？當然，《金剛經》說的無人相，那不是他（母親）輕易就能懂的。但是母親說得不錯，心中要有人！假如你無視別人的存在、輕視別人的價值，當然就難做人。」

大師又說：「心中有大眾，要以大眾的福利、大眾的歡喜為目標。日常生活裡，一臉親切的笑容、一句鼓勵的讚美、一個舉手之勞的服務、一分真誠關懷的慰問，都能帶給對方莫大的快樂，增進彼此融洽的關係，也是廣結善緣的開始。有了善緣，就是給自己方便，有良好的人緣，才能行事順利。」

31 管理要給人空間

一九九九年一月二十三日晚上，大師繼續在高雄女中活動中心進行佛學講座「佛光菜根譚」。內政部常務次長林中森先生也前來聞法。

大師談到佛教的管理學，分別介紹佛經的管理、僧團的管理、六根的管理、家庭的管理以及古德的管理等。大師說：「真正會管理的人，在開車時該快則快、應慢則慢，所以做人懂得留給別人空間自由，也等於是留給自己空間的自由。」

32 團體要以和為貴

一九九九年三月八日，大師在洛杉磯西來寺與徒眾接心。

大師說：「煩惱來源，大都是因為不認識自己；既然身為人，就要知道人的舉止行為、進退分寸，做好自己為人父、為人母、為人師、為人子女、為人徒弟的角色，不踰矩、不推卸責任。

完美的工作成果，是要求自己，不是要求別人。對一些能力較差的屬下，要給予協助，加以輔導。對別人好，就是在廣度眾生，何況是在菩提道上的師兄弟，還有什麼不能包容接受的呢？

身為主管，對屬下的錯失要承擔，不要給予壓力；要以會報方式和屬下溝通，以『同事攝』立場和大家相處，比較容易解決問題。一個團體，以和為貴，但也要有智慧和建議，尤其是正見的觀念。」

33 一百元的偉大

一九九九年五月二十九日中午，大師在雲居樓六樓，和佛光大學南部地區的功德主們聯誼座談，大師除了向各位功德主報告佛光大學辦學經過，以及目前學校招生情況外，也聽取功德主們的心聲。

大師說：「有一位長期在台南講堂當義工的郭連富美老菩薩，今年已七十多歲，是每個月捐一百元的興學委員，已勸募了一千多人，平常除了在講堂當義工外，還常常去做資源回收，將所得款項捐給佛光大學。」

有一次，郭老菩薩的兒子經過一處資源回收場，看到一個熟悉的背影，回到家後問母親那個人是不是他？

郭連富美居士回答他：「是啊！那是我沒錯。」

兒子說：「媽，你怎麼可以這樣，萬一讓我的同事看到，不是要誤會我不孝順你、虧待你嗎？」

郭連富美居士說：「能為佛光大學多募一點錢，我都很歡喜去做，也很心甘情願，這是為未來社會培養人才的好事。我已勸募了一千多位興學委員，而且我還會繼續下去！」

大師以富美老菩薩的事例，對功德主說：「人人盡一點心，老菩薩的一百元是偉大的，就像貧女一燈，可以照亮我們的社會，人間充滿美好與希望。」與會大眾聽了大師的開示，同表讚歎，並且也得到做善事的勇氣與鼓舞。

34 給人因緣

一九九九年六月二日，大師巡視宜蘭蘭陽別院。

大師勉勵住眾們：「今日道場重在弘揚佛法、廣結善緣、布施歡喜、慈悲，讓信徒在花時間、車錢到道場來之後，能把佛法帶回去。

一個人『安心』不容易，但先學習凡事『心甘情願』。人只要肯得心甘情願，夫妻相處、朋友相交，彼此都不會嫌棄，即使吃虧，也會放得下。

在自己有能力時，肯多給別人一些因緣，自己也容易有好的因緣。」

35 佛法教化要有教無類

一九九九年七月二日，
大師於洛杉磯西來寺，在副住持慧傳法師陪同下巡視。

大師有感而言：「領眾，在權力範圍內，要讓屬下有自主權，對其錯失，有義務教導，不要和屬下太計較。問題的解決方式，是要從因上找，不在果上論。動怒的臉，無法解決問題。度眾要有無限的方便，以及無盡的慈悲。每一個人都有優點、缺點、長處、短處、有緣、無緣，不管根器如何，在佛法的教化下，一定要有教無類地包容、接受。」

36 無為而治

一九九九年八月二十四日上午，大師搭乘長榮航班從香港回台北，途中為隨行徒眾開示。

大師說：「在團體中要認識自己的立場、身分，更要自我健全，別人儘管是汙泥，但要自我肯定是淨蓮，這個觀念很重要。

身為主管，在領眾處事上一定要客觀，因成見的認識，預設立場，都會在帶領上有出入，不可不慎。住持人才的條件，必須能說法、能領眾、能擔當、能對外、能公關、能文筆、能口才、能負責、能慈悲、能處理事務上的事，更能帶動師兄弟。佛光山的管理方法是無為而治，是在規矩中不踰矩，而不是沒有原則、沒有紀律。」

37 給人迴轉的空間

一九九九年十一月十三日，
大師繼續在紅磡香港體育館主持一年一度的佛經講座，主講《六祖壇經》。

大師說：「般若如同烹飪所放的鹽，可以使飲食更美味。人生所以常起煩惱、悲觀，就是由於般若的妙用沒有現前。」

大師進一步開示「般若的妙用」：

一、能知宇宙萬有：明白世間法皆依空而有。此「空」意指「空間」，如同人與人之間，往往「空間」不夠，所以常因小事而斤斤計較，甚至反目成仇；如果彼此間能保持一點距離，給予對方「迴轉的空間」，自然能包容天地，灑脫自在。

二、能知煩惱即菩提：煩惱、解脫同是一顆心，兩者一體兩面無法分開。常言「天長地久有時盡，煩惱綿綿無盡期」，我們若能開發心中的那畝田，並以慈悲心、做義工服務眾生的心，以及上求佛道、下化眾生的菩提心等為灌溉的甘露水，就能在長養一切諸善根中，了知煩惱當體是空，只因隨境隨緣而有心田事不同。

「所謂五度為盲，般若為目，我們有了般若，可以過著無住的富有生活；有了般若，更是心中無一物的灑脫、寬闊。」大師如是演說般若的無量妙用。聆聽講經的七眾弟子掌聲如雷，歡喜而歸。

38 委屈是甘露

一九九九年十一月二十日，大師與馬來西亞地區弘法的徒眾接心講話。

大師說：「佛法的道理超越世間，因此要用各種善巧方便，即以『世間解』的方式接引在家居士學佛。但是，出家人受不起棒喝教育，只喜歡聽好話，只接受愛的教育，受不起千錘百鍊，經不起委屈、毀謗，心裡沒有力量，是沒條件為修道人。」

大師又說：「忍耐在修道過程中是增加福慧的資糧，『忍』必須經過三種層次：第一、生忍：是生活、生存上的安忍。你能接受、擔當、負責、處理、化解，才能超越五欲六塵，從人間萬事認識自己。第二、法忍：是指對一切法，你都能接受。有理、無理，愛語、棒喝，榮譽、毀謗，順境、逆境等，你都可以歡喜接受。第三、無生法忍：是指心性上的空無、平等。不住於色聲香味觸法，而是與佛的四無量心同住。」

大師慈悲為大眾闡述忍的智慧與無上妙用，最後並以自己「我就這樣忍了一生」，勉勵弟子們用功辦道，以逆境做為成長的增上緣，以安忍廣植福田。

39 說OK擁有福德因緣

一九九九年十一月二十八日，大師在澳洲布里斯本中天精舍告誡弟子們。

大師說：「禮敬三寶，是我們出家眾本該身體力行的，但非一味要求信眾看到佛像就要跪拜，看到出家人就要恭敬。佛法的本質是一種柔軟的教化，隨著時間的潛移默化，而非要求、強迫。

不可輕易對信徒說NO，我們一句無心的NO，往往會使信徒的『佛緣』從此中斷，我們不可輕易斷他人的法身慧命。『拒絕要有代替』、『拒絕要有說明』，有能力者萬事都說OK，沒有能力的人，輕易就用一句NO回絕別人的需要。」

「度眾不說NO，你才有未來的福德因緣；從滿足信徒的請求，你也能開發內心源源不絕的能源。」大師述說OK的度眾學。

40 用心與佛感應

二〇〇〇年九月四日，大師出席主持在台北國父紀念館舉辦「甘露灌頂皈依三寶典禮」，為澎湖地方法院庭長謝靜桓等三千位信眾主持皈依。

大師開示說：「在這紛亂煩惱的社會中，皈依三寶是走向真理、認識自己的第一步，大家應該秉持『諸惡莫作、眾善奉行』的精神，邁向人生幸福之道。」

大師勉勵大眾：「當我們虔誠宣誓皈依三寶，願斷無邊煩惱，願成無上佛道，這一刻的初發心，已帶給自己得度因緣，也為社會淨化、注入無限希望，其影響必然是『千載一時，一時千載』。

身為佛教徒要對人生重新規劃，從物質生活、精神生活、藝術生活超越到法喜的信仰生活，並且將善念發揮到周遭，每天至少要給自己五分鐘的念佛、誦經、打坐的修持時間。」

大師最後叮囑大眾：「拜拜是不可能成為佛弟子，要能心與佛感應道交，要自身努力學習佛的言行，才能成為清淨佛子。」

41 典座行堂之道

二〇〇〇年十一月十一日上午，大師在紐約鹿野苑道場，指導依果法師「典座的要領」。

大師說：「煮菜最重要的是依各種菜的特性，該爛的就爛、該脆的要脆。對於不容易煮爛的菜，要事先經過水煮，例如花生，在前一晚就用慢火燉煮，到了隔天就爛熟了。至於炒菜，要依菜性的軟脆需要而炒，應該脆的菜，鍋要熱、油要滾；應該爛的菜，要溫火慢炒，而且不能先放鹽，否則炒不爛。一般人沒有搞通原理，因此不會作菜。」

大師再指導煮飯的巧妙：「煮飯要靠熱氣膨脹，吃起來就會鬆軟；煮麵要在開水沸騰時下麵，繼續保持大火，煮出來的麵才不會稀爛；炒飯要不斷的灑熱水，讓原先睡著了的米都能站起來，可以把半碗炒成一碗，這才是成功的炒飯。」

大師對徒眾叮囑說：「工作要領要訓練，早餐典座時間不可超過半小時，行堂只需五分鐘，超過時間即不夠資格行堂典座。因為快速不浪費時間，也讓自己身心不會散亂、懈怠。」

42 困難中找出路

二〇〇一年一月十二日上午，大師到嘉義南華學舍巡視，見徒眾正在布置新春期間提供給大眾來校參觀休息及義賣的場地，大師告訴弟子義賣的意義。

大師說：「義賣不是為了賣東西，也不是為了賺錢，而是一種學習、是一種生活，也是一種度眾的方便。」

我這一生中，感覺一切都能容易，但不少人先把困難擺前面，潛能就難以施展了。事情遇到了困難，要懂得找方法，要有出路，有了道路、方向，一切就不困難了。」

大師又說：「出家人應該積極、主動、樂觀、開朗，太前衛、新潮固然給人觀點不好，但太傳統、保守也走不出去。」

43 為人著想是佛法的體現

二〇〇一年四月二十九日下午，
法堂侍者隨侍大師跑香。

大師提及他得意的三件事。大師說：

一、是雲居樓前廣場加裝採光罩。

二、是雲居樓廣場前設計排水溝。

三、是雲居樓連接玉佛樓跨上天橋前的木板。

侍者好奇地詢問原因，大師微笑答說：「採光罩讓雲居樓前這片空地，成為一個有用廣場。可以集眾、活動時可以做為報到處；過堂可以排班……大眾不必怕下雨，也方便玉佛樓和雲居樓之間的往來。」

大師再說道：「雲居樓前的排水溝，剛好可以把順著坡度而下的大水，都給攔截下來，水流到水溝裡去了，即使下大雨，雲居樓前的廣場，還是可以使用，大家在那裡行走、辦事，也不怕鞋子溼了。」

至於那塊「跨天橋的木板」，其實如果沒有特別留意，是絲毫感覺不出來的。原來，細心的大師發現，施工的師傅並沒有把天橋的水泥階梯與連接雲居樓樓板的部分做得一樣高；這踩踏之間，一高一低，很不順腳，而且一個不小心，很容易跌倒發生危險。因此，大師請了雲居樓的職事，找人釘了一塊大小、高度適合的木板放上去，再鋪上一塊踏腳墊，從天橋走下來的人，就可以安全地走進雲居樓二樓。

大師一生辦了那麼多事業，建了那麼多道場，但這三件小小的「工程」，卻成為他「得意」的三件作品。從他述說得意的事件中，如實看見大師把佛法體現在「為人著想」的生活細節裡。

44 要自我評鑑

二〇〇一年六月五日，
大師巡視台南講堂與新營講堂。

大師勉勵徒眾：

一、要肯自我評鑑：評鑑就是自我檢查，心裡的慈悲、智慧有增長嗎？自己處眾的能力有進步嗎？自己承擔責任的勇氣有改善嗎？

二、主管要有宏觀遠見：寺院的運作要與時俱進，對度眾的巧妙要用心。

三、要有全方位的思想：面對現代的社會，我們的活動、行事要有傳統與現代融合的全方位思想。

四、要隨緣隨眾，廣結善緣：在道場領職是結緣，是修福慧，不要因為情緒而損毀功德，所謂火燒功德林，忍辱是修道人要具備的美德。

大師又說：「要讓信徒有當義工的機會，成就信徒。度眾要有精神力，如忍耐、吃苦、勤勞、慈悲、親切、安住、無怨恨心等。道場授課的教材要以《佛教叢書》、《星雲法語》、《佛光菜根譚》為教授的內容，建立信徒對人間佛教思想的認識。」

45 人生的路沒有僥倖

二〇〇一年十月十一日上午，大師在多倫多佛光山對徒眾開示。

談到為僧之道，大師說：「做個出家人，喜怒哀樂不要形於色，不要讓信徒來評鑑我們，要自我觀照。人生的路要自己走，不要過於客氣、謙虛，過度的謙虛反顯自己的無能。」

大師談到各地建寺的原則：「每到一地，先借信徒的客廳共修，辦小型讀書會；一段時間後，人員增加，再借用停車場空地。等空地不足使用，再到外面租屋，最後因緣成熟時再買地建寺。」

末了，大師殷殷告訴徒眾：「人生的路，是一步一腳印的踏出康莊大道，沒有僥倖，也沒有幸運，建寺也是如此，自己能努力，感動別人，因緣自然就能成就。」

46 研究自己的心

二〇〇二年七月二十四日，日本本栖寺舉行「第三期佛光、南華研究生講習會」，大師為參與講習會的徒眾開示。

大師說：「佛光山的徒眾要學習有思想，能明白事理。例如，捕魚的人，知道魚來了，就捕魚；但伯勞鳥來，農夫抓了卻引來保育人士抗議。如何評斷這件事？美國感恩節殺了很多火雞，但有一隻鳥被一支箭射傷了，整個美國人動員要救這隻鳥。為什麼會厚此薄彼？這也說明了，世間上的道理是不公平的。這些事例告訴我們，某一時某一地，沒有一定的標準。捕魚的沒錯，他為了生計；保育人員也沒錯，他們保護稀有鳥類。一般人的慈悲心是有各自的執著與分別，和佛法的慈悲差距太遠了。」

大師又提起：「有次帶領青年學生到澎湖吉貝島，有一個人問我：『你們到我們這裡做什麼？你們佛教講不殺生，我們都是捕魚的，如果我們都跟你們佛教接觸，我們就都沒有飯吃了。』

當時我想，佛教是不捨一個眾生的，這些人以捕魚維生，你到底要不要度這種人？我對這種問題就感覺到，佛教對殺生要有創新的解釋。因此，過了幾年，我到小琉球，帶隊的校長向我報告：『在這裡發展佛光會困難，是因為我們這裡都是殺生的，不合佛教的教義。信媽祖、信王爺可以，但這裡的人沒辦法信佛教。』

當時我回答校長：『你即使有殺生的行為，但不要有殺心，殺生是為生存，是莫可奈何的事；捕魚，能有懺悔的心，就不是惡意去殺生。』由於我提出的說明，讓當地人們安心，那一次，有幾百位漁民都來參加皈依。」

大師又說：「戒如何持好、持得圓滿？端看我們能做到什麼程度。度眾要有慈悲、智慧，不捨一位眾生的願心。漁民能不能皈依、受戒，只要他們願意發心，我們都要接受。怕犯戒不受戒是錯誤的，受了戒而犯戒，要知懺悔；破戒可以得救，但不信有因緣果報的『破見』是無法得救。

研究佛學，要先從研究自己的心。把貪心昇華為捨心，把凡心轉化為聖賢、菩薩的大慈悲大智慧的心量。心如工畫師，能畫種種物。」

47 給的人生最美麗

二〇〇二年七月二十六日，
大師於日本本栖寺「第三期徒眾講習會」開示。

大師說：「我離開焦山時，什麼東西都沒有帶走，因為我離開學校時，東初老和尚當院長，我跟他告假，他不准許，派監學現華法師看守，不讓我離開。監學老師不敢違抗院長的指示，我和他起了衝突，最後他不得不放行。隔天早上四點我就離開，監學老師現華法師送我過江，到鎮江火車站，當天他請我吃了一碗麵，我覺得那是一生中吃過最好吃的麵，記得那家麵館是『一枝香』。後來我與監學老師有好多因緣，例如我從南京到台灣來，要找一個人接任華藏寺住持，於是我就把華藏寺住持交給現華法師。前年他特地從香港來看我，他比我大幾歲，我感念他當時送我渡江，就供養他。

對於過去的師長，凡有恩於我的必定報恩，總是想辦法『給』他們一些幫助，所以我覺得『給』的人生最美麗。」

48 要先做義工的義工

二〇〇三年一月十八日，大師在金光明寺見一群義工忙進忙出，連午齋也是匆匆用過後，便開始忙碌。不禁對負責帶領的徒眾指導「如何帶領義工」。

大師說：「義工不是『叫』來做事的，是感謝的，是要讓他們到寺院服務感到有尊嚴的。我們要當義工的義工，替他們倒水，替他們備辦需要的資料、工具，要陪他們一起做事，例如：『我們去擦玻璃』、『我們去掃地』、『我們一起去整理佛堂』，等到義工熟悉了，再放手讓他們發揮。」

大師提出義工帶領法：「義工到寺院來不只倒水、掃地、帶參觀而已，要提升他們可以為人說法，可以主持座談會。

各別分院不可以搶義工，要把他們組織起來，選出組長分配工作，尊重他們，讓他們自己管理；要定期舉辦義工講習會，訓練他們，讓他們接受教育，幫助他們成長。

佛祖普度眾生就是眾生的義工，觀世音菩薩救苦救難就是義工，讓義工了解擔任義工的神聖意義，義工就會做出歡喜、做出佛法、做出成果來。」

49 一句好話有無上功德

二〇〇三年三月九日晚上，大師於彰化福山寺主持第三天「星雲大師佛教唱頌講座」，有五千信眾恭聆法音。

大師開示說：「佛說的、人要的、淨化的、善美的，這就是人間佛教。現在社會最大的問題就是『不肯認錯』，若能學習六祖惠能大師所言『改過必生智慧，護短心內非賢』，社會自然相安無事，祥和清淨。

人生的苦從計較中來，所以只要是利益大眾之事都能OK，不要說NO，時時展露笑容、說好話，所謂『面上無瞋是供養，口裡無瞋出妙香』。一個笑容可以得到人緣，一句好話可以讓別人重新振作起來。你的笑容你的好話，是無上的功德。」

50 對人好就有好前途

二〇〇三年四月二十三日上午，大師在本栖寺海會堂主持「日本地區徒眾聯合講習會」。

大師開示說：「佛光山的未來，要建立在『共識』上，對法、對行事、對人事制度都要有共識。沒有個人，只有團體。我們要有個人不重要，團體的未來才是重要的觀念。」

大師又說：「怎樣才有前途？你要對人好。你看佛菩薩的成佛，不是對人好嗎？對人好，人人尊敬他，喜歡他；你不願意對人好，只想別人對你優待，這是貪心，不是佛法。

一個人不管有什麼辦法、理想都好，更重要的是要有執行力。諸佛建立佛國不是空談，都是用慈悲去服務、用智慧去執行。凡是做事，要懂得請示、報告，要請人指導，避免錯誤的產生。

身為主管要提拔人才，要歡喜住眾調職；優秀的住眾不能長留在身邊，要還給常住，讓住眾有更多的磨鍊、發展的空間。」

51 人成即佛成

二〇〇三年五月十二日晚上，大師在傳燈樓集會堂，與回山參加「住持主管講習會」的徒眾接心開示。

大師說：「我們受教育最重要的，是學習如何做人。因此，要能學習做獨立人，具備一個團體應有的精神和理念；要做群眾人，參與群體、待人好；要做社會服務人，不做社會分離者；要做包容的地球人，對上尊重，對下包容；要做有情有義的人；要做有悲心願力的人，給常住留功勞，給大眾留懷念；要做有巧慧的人，聞一知十，處處關心；要做一個中道人，開展心中的能量；要做一個能感恩、能付出、有耐力、識大體、能圓滿的人。」

大師又說：「再高的學位，你不會做人，沒人肯用你；再多的學問，不會做人，學問對人也無益。人成即佛成，我們要深刻思惟，你連做人都有殘缺，就像一部性能不好的車輛，要如何安全走完漫長的成佛之道呢？」

52 老師要不怕問題學生

二〇〇三年六月十三日下午，佛光山叢林學院院長慈惠法師召集男女眾學部二十七位佛學院的老師、職事，至法堂恭請大師開示指導教學方法。

大師說：「你們是好人，勤勞、守法、本分、克制自己，都是很好的美德，但是你們沒有進步，不稱職，這就不行啊！因為教育講究的是全面的觀照，教育院的師資人才，必須是全方位的人才；你們都是叢林學院畢業的老師，在學院教書教了幾年之後，慢慢就覺得力不從心，無法再教了。所謂『學如逆水行舟，不進則退啊！』我今年七十幾歲，如果我不進步，我也會被時代淘汰。」

大師教導成為老師的條件。大師說：「做老師，就必須要有方法解決學生的問題。我自己當學生的時候，也是一個調皮的學生，面對佛學院的人事、教學，種種差別因緣、關係，就告訴自己應該去苦行，去行堂、司水，去求一個自我生存之道。因為我不認識人，看到人多又很害怕；既不會敲法器，也不會唱讚子，那麼我要怎麼辦呢？當時也沒有特別的老師可以教我，所以我就看文學的書，在文學裡找到一條出路。明白說，在團體裡面一定要表現優秀，才有生存的空間。

你們當中有人說某某同學是問題學生，但是，我把他找來，他對我一點意見也沒有，主要是我認同他的意見，解決他的問題。你們不要認為有意見的學生就是壞學生，基本上，有意見的學生比較有思想，我們佛學院不要養不住人才，變成劣幣驅逐良幣。

不要怕有意見的學生，或有問題的學生，我就是一個問題學生。在數十年前，佛學院是不准學生打球的，而我卻自製籃球架，鼓勵同學打籃球，如此說來，我不僅是佛教革命者，更是一個造反者。因為我曾經歷這個過程，所以我不會和學生形成對立，反而以同事來攝受他，這是你們身為一個教育者應該有的智慧與方便，老師要有這樣寬闊的心量。」

53 包容讓身心和諧

二〇〇三年十一月二十八日下午，大師應中華航空公司李雲寧董事長之邀，前往該公司，以「工作與身心的和諧」為題，為二百多名員工專題演說。

大師說：「我們不是為了薪水待遇而工作，而是為了給人信心、給人歡喜而工作。讓自己培養積極樂觀、包容反省的精神，就沒有度不過的難關，自然也就能達到身心和諧。」

大師以自己一路走來的心路歷程加以闡述，並穿插寓意深遠的例子來加深聽眾印象：「對於工作，要期許自己一個人能做幾個人的工作，秉持『給人信心、給人歡喜、給人希望、給人方便』的工作信條，抱持沒有播種就沒有收穫的工作態度，人生會更精采。」

大師又說：「凡事先要求自己，再要求別人。不要受人批評就動怒、受人讚美就高興，把握自心，不隨外境動亂就能心平氣和。處世為人多一分包容、反省，工作與身心也就多一分和諧。」

54 寧可多做不怕犯錯

二〇〇四年一月二十六日晚上，大師在西來寺以「如何規劃自己」為題，為全體住眾開示。

大師說：「如何把『人處好』，懂得以『和』為貴的重要？人不能快樂，是因為不懂得人的倫理、工作的倫理。

凡事要用時間來累積自己的歷史，才能受人肯定。如何把『事』做得有價值？要懂得與人合作，才符合佛光山『集體創作』的宗風；人要做多方面的事，寧可要多錯，也要多做。自己是『講理或無明』？要檢查自己的心，每次的無明情緒一起，理性的光輝相對就減損。

在佛法上，要自我評鑑有多少佛法？可講多少部經？了解多少名相？奉行多少佛法？常常自我評鑑，可推動自我的成長與進步。」

大師並叮囑徒眾：「每日背誦一條《禪林寶訓》、學五句英文、閱讀與背誦五篇《迷悟之間》、每星期一對常住大眾講一部經、每半年交一篇論文。自我要求、主動學習，是最究竟的成功之道。」

55 五乘佛法

二〇〇四年五月十五日，
大師於洛杉磯西來大學，與師生一百餘人接心。

大師首先說明：「佛教是以人為本的宗教，上有五乘——人、天、聲聞、緣覺、菩薩。如佛教教旗就是一面五色旗，縱橫之向均為藍、黃、紅、白、橙五種顏色，象徵五乘佛法，即『豎窮三際，橫遍十方』之理。」

大師又說：「『發心』二字很奇妙，心田若能開發，必能豎窮三際，橫遍十方！不要把自己看得太渺小，若能即佛即心，即心即佛，敢承認『我是佛』，就能得救。」

56 利益歸於常住大眾

二〇〇四年六月九日晚上，大師在蘭陽別院與宜蘭地區職事接心開示。

大師說：「當我動了調職的念頭時，先反觀自己具備了哪些條件，能為常住所調任？處人處事『只要自覺心安，東西南北都好』。凡欲調往海外發展的徒眾，要發心服務十年以上。

當主管者，要有計畫、帶動的能力；為人部屬者，要能護持主管，與之合作。

一個道場無論承辦法會、活動，氣氛的營造是成敗關鍵，任何小細節都要能留意、觀照到。

做人處事要正派，奉行中道、包容；平時要訓練講說能力，承擔常住弘法工作。不養成私收信徒供養的習慣，一切利益歸於常住大眾。」

57 給是崇高富有

二〇〇四年七月五日上午，大師在傳燈樓召集叢林學院女眾學部在家眾同學，關心暑假生活的安排。

大師說：「『給』在世間很富有、很崇高。佛陀為何要留在娑婆世間？因娑婆有苦難，有挫折，需要奮鬥，需要逆增上緣來成就佛道。所以每個人要有方向，有了方向，不可隨便更改。若沒有方向，就要建設自己的方向、目標，一旦有了目標，就不能輕易放棄。

《金剛經》說：『一念生淨信者，超越八萬四千生死重罪。』所以一念很重要，不管環境如何，我們的心不變，這需要智慧、忍耐，自己要有力量、要有善緣。」

大師又說：「世間就有逃不了的麻煩，比如愛情的麻煩。女眾智慧不夠，喜看假相，不懂得觀照因緣，一時的感情衝動，容易失敗在愛情裡。

金錢也是麻煩，錢再多都不夠用，金錢會敗壞我們，增加我們的虛榮、好享受，十年的青春就這麼吃吃喝喝虛度了。不如十年在佛光山掃地、倒茶，累積福德因緣，賺得無限的快樂與未來。」

58 節約能源愛護地球

二〇〇四年十一月九日晚上，大師應奧地利「全球能源獎」主辦單位之邀前往領獎，並代表亞洲及文化團體，以「人類與地球同體共生」為主題，發表有關佛教的地球生命觀與佛教環保觀。典禮全程由奧地利國家電視台 ORF 錄影向全球做轉播。

大師說：「人有生命，人的生命靠身體的健康維持；地球亦有生命，地球的生命是靠大地、水分、陽光、空氣等維持。人就是個小型地球，我們的身體與地球的身體是共生共存的，所以是同體共生、息息相關。地球是人類最重要的生存基礎，能滋養萬物，承載高山流水、花草樹木，五穀萬物都要靠地球才能生長。而地球孕育各種資源與能源，更為人類生存不可或缺。

佛教不但愛護人類，而且愛護地球，所以透過奧地利國家電視台轉播，向奧國及全球人類呼籲，共同珍惜大地資源，因為地球的生命掌握在人類手中，愛護地球的環保運動不是一時的，而是要持之以恆；不是一個人的事，是必須靠地球上的每個人，共同注重環保及節約能源。期許從奧地利開始，喚醒全球人民的能源危機意識，並推動全人類共同愛護地球。」

59 把常住看重、看大

二〇〇四年十一月十四日晚上，大師於澳洲南天寺為三壇大戒新戒開示「生涯規劃」。

大師從「如何在時間、空間找到自己的定位？在事業、處眾上的三昧？及面臨境界時如何自處、取捨？」等十個問題，勉勵新戒：

一、出家人的生涯規劃要隨緣、隨喜、隨心、隨眾。

二、把自己看輕、看小；把常住看重、看大，把別人看得重要一點。

三、人算不如天算，天就是因緣，讓因緣安排我們，學佛寧可什麼都沒學到，但不能不知因緣。

四、一個人寧可什麼都沒有，也不能沒有慈悲。

60 有播種就有收成

二〇〇五年三月九日，大師繼續以「佛教對財富的看法」為題，為西來大學「遠距教學」的學員上課。

大師說：「佛教認為合法的財富多多益善，因為佛教要有淨財，才能發展各項弘化事業。即使是一般的佛教徒，只要是正業、正命、正當的方法獲得的財富，都是佛教所容許的。相對的，有十種非法財富，如：竊取他物、違法貪汙、抵賴債物、吞沒寄存、欺罔共財、因便侵占、藉勢苟得、經營非法、詐欺投機、放高利貸等，則為佛教所禁止。

所謂『君子愛財，取之有道』，正當的取財與致富之道，如布施，你沒有播種，如何有收成？再如勤勞、結緣、開源節流、正派而正當的經營理念等，都是獲得財富的方法；乃至慈悲、智慧、健康、滿足、感恩、慚愧、信仰……都是無形的另類財富。有形的錢財有用完的時候，無形的法財與智慧則永遠用不完；尤其我們每個人都有一顆心，心的工廠可以製造人生最大的財富，那就是歡喜。一個人寧可以什麼都沒有，也要擁有一個歡喜的人生，所以要懂得發掘內心的寶藏。」

61 媒體要有因果觀

二〇〇五年四月一日上午，大師在台北道場出席《人間福報》創立五週年慶「展望媒體、守護台灣」座談會。有《聯合報》張作錦顧問、《中國時報》黃肇松總經理及《自由時報》俞國基副社長等資深媒體人一同參與，由國策顧問柴松林教授主持。

大師說：「我雖然不是專業的媒體人，但讀報六十年的歷史中，經歷過許多報紙的更迭興衰；我觀察發現媒體生存的規則，一旦不能成為大眾所喜愛的媒體，自然就會被淘汰。」

大師又說：「一份報紙、一篇文章，要能讓人讀了感到歡喜、快樂與趣味，進而引導人進入美好、甚至進入更高的境界，這才是優質的讀物。」

針對有人批評「媒體讓社會沉淪」的說法，大師認為，社會的淨化，不單媒體有責任，閱聽大眾也有關係與責任，有些閱聽大眾歡喜看不良的內容，一方面又批評媒體沉淪。其實政府與民眾對於媒體呈現的內容，應該要有所取捨，進而監督媒體，媒體也要負起社會責任，本身要具有自律、自覺的能力。

大師進一步道：「有什麼樣的媒體，就有什麼樣的讀者；有什麼樣的讀者，就有什麼樣的媒體。讀者與媒體兩者要建立正向、善美的共同目標。媒體好壞都有，傑出新聞專題報導仍不時可見。

報紙不單只是新聞，它還要給我們知識、教育、衣食住行的指導，進而還要給予讀者和諧、歡喜，讓我們看過報紙後能充實生活，能保持心情愉悅，能體會人間的可愛之處。

現今強調新聞自由，但調查與考證的工作仍不可缺少，此為媒體的道德與良知；不實的報導，可能危害當事人的名譽，甚至造成更大的殺傷力，這不僅要負法律責任，也會涉及因果。」

62 懂得他人的需要

二〇〇五年七月九日上午，
大師為妙主、覺上等二十餘位徒眾在法堂小參開示。

大師說：「世間沒有『絕對』的事情，而是我要賦予它生命的能量。比如我本身有原則，但是沒有一定的道路；等於坐什麼車子，都可以到達目的地一樣。」

大師又說：「一個人要人家替你爭取很難，唯有自己奮鬥才能成功。會做事的人，小事也能做成大事；不會做事的人，大事也會做成小事。

到海外，不一定要發展寺院，可以從文教開始，例如把《普門學報》送給中文好的學者看，並向他們邀稿。在海外蒐集各項資訊、雜誌，提供給本山宗務委員，做為弘法的參考。以我最初到台灣來說，並不是建寺廟，而是設立文化服務處，藉由通信發布到全世界弘法，以獲取人心的支持。」

接著，大師一一回答徒眾的提問。

大師對在雲居樓服務的妙主說：「你是一個碩士，就要表現出一個碩士的氣度。雲居樓平時提供信徒食宿方面的服務，就像一家飯店一樣；飯店的管理要以設備代替人工，要學習靈巧，並且要發大心為人服務，讓人家願意接受你。」

負責巡山知客的覺上，大師告訴他：「做知客要以熱忱、親切、慈悲、說法來感動信眾，要對外樹立慈善的形象，每年為佛學院招生，為佛光會攝受會員，為常住在外面成立布教據點，這樣的知客才有價值。」

最後大師勉勵徒眾：「你們要給人認識，走出自我的框框，要會發言、會講話，懂得他人的需要。我一生被人壓迫、打擊，但是我不會自己倒下。只要肯得努力、發心，有任何一項專長，都可以在佛光山發揮弘法的大用。」

63
轉辛勞為幸福

二○○五年八月十四日晚上，大師應邀於傳燈樓集會堂為國際佛光會中華總會、南華大學聯合舉辦的「全國教師生命教育研習營」學員講說「人生百事」。

大師說：「當老師雖清苦，卻清高，自古以來，老師無不受人敬重。『師心』有三大：

一、體大：遍滿虛空，虛空有多大，心就有多大。

二、相大：心如虛空無相，長、短、方、圓沒有一定的形相，卻無所不相，是無相之相。

三、能量大：如茶杯壞了就沒用，身體壞了就不能活；心如杯中水，用拖把拖，水又恢復原有的分量。身雖死亡，生命卻不死。」

大師又說：「觀念就像種子，播下什麼種子，就結什麼果，所以學佛修行，建立正確的觀念最為重要。受冤枉、委屈要『想當然爾』，要能不以為意，灑脫以對。對任何成敗不介意，只求無私無虧，就能舉重若輕，把承擔教育的辛勞化為幸福。」

64 要會聽話

二〇〇五年九月六日晚上，
大師於本山傳燈樓集會堂為叢林學院同學開示。

大師首先說明西方教育重視學生自律，卻未在中國落實。因此，勉勵同學：「要當有思想的人，能接受不同的意見。思想不是感情的，是非好壞要分明；思想的成就，要經過磨鍊。外在環境不平沒關係，心平就好。受到壓迫，要想當然爾。大家要『會聽話』，學習做海綿能夠吸收進來。」

隨後，由滿義法師提問，大師為眾釋疑。

提問：「傳統叢林教育與現代教育差別？」

大師說：「傳統叢林教育環境雖閉塞，但思想卻不閉塞；現代學生要打開心房，法水才能流入心田。擴大心胸，世界盡在我心，把心看懂了，世界也看懂了。」

提問：「對叢林學院培養人才的看法？」

大師說：「先自忖為人才否？能當棟梁嗎？能擔當佛教苦難嗎？大家已有

得度因緣，要立志、發願、發心，肯擔當，鍥而不捨，自我培養，才能成為人才。」

提問：「要進步成就，應具備哪些條件？」

大師說：「要具備八萬四千法門。為人要『正』，正見、正思、正語等。『正』不具足，就要懺悔、慚愧、反省，依『四正勤』增長善念，去除習氣。」

提問：「如何自我規劃進修、修行？」

大師說：「十年安住，十年服務奉獻，建立好形象，二十年後，就能身心自在。」

提問：「何謂善緣？何謂惡緣？」

大師說：「佛門裡因緣關係很多，只要有因緣，自己有條件，做得好，就會被人接受；別人做不好，也要引以為鑑。迷惑時不起情緒，要有正念，做自己的主人，久病也成良醫。」

提問：「在大眾中如何處理人際關係？」

大師說：「與人相處，不要有成見，要有真情道義；不要一對一，要融入大眾。」

65 飲食的修行之道

二〇〇五年十一月十六日，大師至台東日光寺巡視，並指導徒眾。

大師說：「吃素不是只講究吃菜或吃肉，重要的是那顆『心』。學佛不一定要吃素，但素食較接近道德。吃素可以增加慈悲心、柔軟心與耐力。吃素並非佛教的專利，目前非佛教徒基於健康等因素，也都喜歡素食。吃素與儒家關係匪淺，所謂『見其生，不忍見其死；聞其聲，不忍食其肉』，就是最好的例證。」

大師又說：「素食者最忌諱作怪，把一些食物做成葷食狀或取名為素雞、素鴨等，這是不適宜的。一般人有『吃肝補肝、吃腦補腦』等觀念，這都是不明白因果道理。佛教基本上不准許殺生，因為『我肉眾生肉』，為了滿足個人的口腹之欲而傷生害命，這是相當不公平的。有些人從事畜牧或販賣殺生用具，這都是間接助長殺生，所以我們從事職業，要選擇合乎道德、對人類有益的工作，這才合乎正命。」

「在佛門實行過堂，就如同『百花叢裡過，片葉不沾身』，以一種無分別心，將『吃』視為修行的一部分。」大師以過堂為例，說明「飲食的修行之道」。

66 懂得攝受人才

二〇〇五年十一月十六日，大師至台東日光寺巡視，並指導徒眾。

大師說：「要知道自己的優缺點，例如有善良，缺乏思想；肯發心，主動不夠；識大體，動力不足；很勤勞，不懂方法……因此，要開拓思想，可以讀書、寫日記、與人討論問題、肯接受挑戰及各種好壞批評等。」

大師又說：「要明白自己的興趣、專長是什麼。學習一個人可以同時領導多個布教所、能做許多件事、要會敲各種法器。

出家眾要學習做校長，不一定做住持；校長不一定自己會教書，但要會找師資。要懂得攝受人才，能做老師的老師，寺院道場就能發展。」

67 成功要有助人的性格

二〇〇六年一月二十一日下午，大師在台北道場宗務堂，為《人間福報》編輯人員開示「性格與成功之道」。

大師說：「欲為人上人，必須吃得苦中苦，不要經常為自己找理由，只要發心立願，就能彌補能力的不足。

人生就像戰場，要多方學習；具備實力，才能上戰場。

每個人都是獨特的，都是千挑萬選，萬中選一，要對自己有信心，並且多方觀摩，能欣賞別人的長處，自己才容易進步。

性格不只決定命運，更決定未來的前途。做人要主動、發心，具有服務、助人的性格，就會有助緣、有未來。」

68 以佛心看人心

二〇〇六年五月二十三日下午，大師應高雄輔英科技大學張鴻圖董事長邀請，在該校中正堂，以「享受快樂的生活，創造健康的人生」為題演講，與會有張一蕃校長、各院所一級主管及師生千餘人。

大師開示說：「快樂在哪裡？心就是快樂的泉源！要想擁有快樂的人生，必須『身做好事、口說好話、心存好心』；尤其要心存感恩，時時感念生命中眾多的好因好緣，感恩的人生才是富有。」

大師又說：「所謂『捨得、捨得』，肯捨才能得，肯慈悲喜捨給人，則人生無限美好。佛教的慈悲超越世間的愛，慈悲是一種珍惜、疼惜，愛惜時間、因緣，愛惜家人、學校、社會、國家；懂得慈悲喜捨的人，生活中處處都是感動；你能感動，必能提升、淨化心靈，則生活中處處有快樂。」

「以佛心看人事，用佛心聽聲音，用佛眼看世間，一切人與事，都是佛的世界，那麼家庭、社會、國家，乃至全世界，必然和樂融融，沒有紛爭。」大師的「佛眼觀」，讓與會聽眾找到快樂的泉源。

69 人生是一部大書

二〇〇六年五月二十九日，大師應台北大學之邀前往該校商學院國際會議廳，與四百餘位師生展開一場心靈對話。

談「如何尊重生命與社會關懷」，大師說：

一、生命都該視為平等，同獲尊重愛護，即便是殘缺的生命也能發展出自己的價值。讀書更重要的事，就是學會做人。

二、愛就是惜，佛教不是不講愛，而是把「愛」昇華，即是佛教常講的「慈悲」。我曾遇過一個佛教徒，將殘障親兒當作佛祖一般養育，這就是尊重生命價值。其實人世間許多好人好事讓人感動，人群之間彼此相互感動，人生才有意義。感動的世界最美，感動的生活就是愛的生活。現今社會人與人疏離，就是缺少愛、感動與奉獻。

三、如何才能有尊重生命的心？第一是立場互換，我需要關懷、需要愛，對方也一樣。其次生命是平等的，「我肉眾生肉，名殊體不殊」，天下萬物同體共生，不應有高低貴賤之別。

隨後大師就聽眾提問，如年輕人該如何關懷生命？現在大學著重學科教育，如何把人文精神與大學教育相結合？以及對信仰產生的疑問，予以釋疑。

大師說：「人生是一部大書，要能廣大、要能高。如果我是教育部長，不會讓學生以念書為重，而是讓他們學習掃地、倒茶，從生活做起。把人做好，養成服從的心靈和良好的習慣，比念書還重要，不然，就算有再好的法水，也無法流入心田，所以做人更甚於讀書。

再者，學佛之人不能被神權控制，四處求神問卜，否則就是迷信。佛教不迷信，所謂『日日是好日，時時是好時，處處是好地』，不需要完全服膺神明的指示。」

70

凡事無求，就不會灰心

二〇〇六年八月四日晚上，大師應邀出席本山如來殿大會堂，為參加「國際佛光青年會議」之青年開示「無道三十」中的十點。

大師希望大家坦然面對自己的缺點，進而徹底修正，改心換性，只要有道、有佛法，就有眾多因緣與助緣。大師說：

一、個性阻礙前途：其實愛發脾氣、好貪、好辯論、好討小便宜、好說是非、爭強好勝、懶惰等壞個性，使人的價值降低。此等性格成了習氣，不易去除，且會阻礙前途。

二、執著障礙進步：自以為是、認為我是對的，就是「我執」。過分執著愛情、名位，就被愛情、名位的繩索綑綁。人之所以不能開悟、自在，無法進步，全因執著造成。

三、無知必難成事：無知就是沒有知識，但世間的知識，也有「聰明反被聰明誤」。讀書多但不通人情、自私而心無大眾、不明理又好講理等都是無知。

四、離群不易生存：離開大眾不合群，就不容易生存，例如一個手指沒有力量，五個手指成了拳頭就有力量。

五、觀念決定成敗：世間上事業成功或失敗，是由「觀念」來決定，好比「哭婆與笑婆」故事，觀念、想法可決定事情的好壞。

六、偏見讓人討厭：偏見就是沒有中道，不為人所歡喜。中道要合乎真理，即有普遍性、必然性、平等性。

七、無明敗事之因：不是只有生氣才是無明，不認識真相也是無明。做人做事不明白、起煩惱、不明因緣果報等都是無明。如此不明不白來到世間，將來也是不明不白離開世間。所以，一個人在一天當中，要能有一次自我反省的時間。

八、推諉增加自私：凡事講YES、OK，才是有用之人；凡事推諉，表示自己沒有能力。

九、少願難成事業：「有願必成」，唯有一心為社會、為人群，才能成就事業。

十、消極促進凋謝：做學問、待人處事是積極還是消極？假如凡事提不起精神，必會少年凋謝。

隨後，回答青年的提問。

提問：「執著會障礙進步，年輕人學習愛人的過程當中，如何離我執？」

大師說：「佛教允許男婚女嫁，合理的執著並無大礙，所謂『兩情相悅』、『情投意合』，各種條件都符合，愛情是可以談，但要慎重。」

提問：「中國自古重孝道，但父母不支持我們的志願，怎麼辦？」

大師說：「『孝』容易，但『順』很難。要做孝的兒女，但不論對或不對的事都順從父母的心，也不全然正確，並非真正的孝順。」

提問：「如何保持發心不退轉？」

大師說：「我一生中也遇過不少困難挫折，卻始終堅持不退轉。人有所求，希望回報，就會失落；凡事無求，就不會灰心，就能自在坦然。希望青年們能培養對佛教的信心和願力，雖說萬事起頭難，但能持久下去，必會成功。」

71 從內心自我發電

二〇〇六年十二月一日中午，大師應香港中文大學人間佛教研究中心邀請，在香港中文大學崇基禮拜堂，為近千位崇基學院師生講演「禪是一朵花」。

大師說：「要用禪心看世界，要超然，要『你大我小』，如此才是超越而不著塵埃。禪非佛教獨有，六祖惠能大師說：『人有南北，佛性無分南北』，每個人都有『禪心』，要從內心自我發電，點燃心中明燈，照亮自他。」

大師又說：「禪是靈巧、智慧、幽默，是心靈的根源；禪是從本心流露，禪就是對心的規劃。要建構和諧社會，就要從心開始。我們吃飯，多幾道菜，多幾種滋味，就多幾分味道；今日來教堂聽講的同學，每個人的衣服顏色不一，多美！若是同一顏色，就比較單調了。世間各宗教雖有不同，因為不同，所以很美。『禪』是一朵花，是一幅畫，讓生活更美好。」

72 領導人要有心量

二〇〇六年十二月十五日晚上，在台北國父紀念館舉行的「星雲大師佛學講座——知性對談」，大師與亞都麗緻總裁嚴長壽，針對「管事與管人」進行對談，由前行政院青年輔導委員會主任委員李紀珠教授主持，有來自全國各縣市近萬名信眾到場聆聽。

大師說：「管理者的條件，也就是身為主管者應該了解的『領導學』。第一心量很重要，要管人之前，管理者先要把自己的『心』打開，敞開心胸，懂得愛與包容。一個人的心量，如果只愛家人，可以擔任一家之長；愛一縣的人民，可以當縣長；唯有真正愛國家人民，才能扮演好國家領導者的角色。身為領導者應懂得尊重員工，讓他們看見未來；要『給』員工歡喜、信心、希望與尊嚴，才是成功的管理之道。

最好的管理，就是佛教講的『空』。空不是沒有，而是包容『有、無』。『空』沒有一定性，所謂『方便有多門』，管理同樣也有許多面貌。

佛教經典中，阿彌陀佛是最高明的管理專家，因為他給人安全、安樂、安心、安適。」

「一個人要想成功，就要以別人的看法、要求，來改進自己；以『常樂柔和忍辱法，安住慈悲喜捨中』，把自己管好，布施慈悲、喜捨，才能成為別人生命中的菩薩。」大師如是說。

73 給人利用是大用

二〇〇七年一月八日晚上，大師與第十五期勝鬘書院學生座談，長老慈惠法師及妙迦法師等人與會。

大師開示說：「有時候感覺你們實在值得讚美，你們在身體健康、年輕美貌的時候接觸佛法，真是有大善根、大因緣，如《金剛經》所說『不於一佛二佛三四五佛而種善根，乃於無量佛所種諸善根』。但也為你們惋惜，『佛在世時我沉淪，佛滅度後我出生；懺悔此身多業障，不見如來金色身』，怎麼到了這個時候才得遇佛法的因緣？正如《法華經》形容，得人身如『盲龜穿木孔』那樣的機率渺茫，所以佛陀說『得人身如爪上泥，失人身如大地土』。」

大師又道：「我們的桃花源在哪裡？或許讓大家外出遊學，看看外面的世界，可以擴大各位的心胸視野。人的一生所求如何？來到這個世間要的是什麼？什麼才是我的？人生很悲哀、失望，什麼東西都不是我的，你要想清楚，世間的東西，很快的來，也很快的離開，失意之事十之八九，得意的事情很少很少；有時候眼看著福德就要降臨了，但是也容易被臨時岔出的人事因緣給左右了。」

最後，大師闡述「給人利用才有價值」：「**人生本來就是互相利用，廢物才沒有利用的價值。我一生唯恐人家不利用我；就是沒有人利用我，我也是自己利用自己。給人利用，才是有大用之人！**」

74 觀念的創新

二〇〇七年二月八日晚上，住持心培和尚、都監院院長慧傳法師，禮請大師至傳燈樓集會堂為全山大眾開示「春節服務的意義」。

大師說：「一年容易又春天，又要過新年了！佛門的過年，有別於世俗。既然要過新年，就要有新的觀念、新的想法。因此，我有四點『創新』的想法提供給大家：

一、感情的創新：只對人好，不要求人對我好。

二、經濟的創新：金錢只用七分，以為未來著想。

三、生活的創新：飲食七分飽，平時多跑跑。

四、觀念的創新：你大我小、你對我錯、你有我無、你樂我苦。」

大師進一步闡述佛門度眾即是服務業的內涵：「世俗的人過年節要放假休息，而宗教界人士等於是服務業，在年節的時候更加的忙碌。因為平時不與宗教接觸的人，都在這個時候到寺院禮佛，如果此時不服務，又怎麼能夠度眾生呢？過去的祖師大德，都要千山萬水的跋涉，出去外面參學問道；現在我們不但不用外出，反而有人到這裡來求法，怎麼能不展開雙臂歡迎？失去這個大好的時節因緣，又要到哪裡去度眾生呢？」

大師並指出「服務的人生才會好過」的道理，其道：「人生要怎樣生活，日子才好過呢？要為人服務，要對人有貢獻，才會有成績，才會有成就。人，只有自己才能做自己的工程師，做自己的醫師，做自己的主人。」

75 待人之道在慈悲

二〇〇七年四月二十八日晚上，大師在宜興佛光祖庭大覺寺與徒眾接心開示。

大師說：「因應不同的生活習慣，台北道場『以粥代茶』來度眾，未來大覺寺可以『以麵代茶』，給人溫馨的感覺。

處眾之道，要想方法與大眾融和在一起，共同參與，切忌搞小圈圈。出家人的性格，要像台灣話講的『雞婆』，意思是要事事關心；出家人的性格也要什麼都接受，這就是『忍』的功夫；不論好的、壞的都能接受，才能自他都和諧。

所有來的人都是客人，就如華航所說『以客為尊』；即便是小人物，都要給予厚待、重視。

能夠見義勇為、熱心服務、犧牲奉獻，肯與人結緣，才有因緣。例如，幾十年前在普門寺，有位女士有緊急的事要回台南，當時叫計程車也不安全，我想盡辦法請人連夜送他回台南。過了兩天，那位女士捐了二十萬。有人只看到捐二十萬，卻沒有看到背後的因緣。」

「煮飯要多加一杯米，預備客人臨時來訪；一早就要泡好茶保溫，所有杯子都要與客人使用的一樣。佛教的慈悲不是造作，是自然而然，一個出家人要經過千生萬死、千錘百鍊、千萬覺悟，才能有所體會。」大師如是開示：「服務建立於慈悲的熱忱，緣分來自於肯為人著想。」

76 機會是給求進步者

二〇〇七年七月二十五日晚上，大師先後到宜蘭礁溪會館、蘭陽別院巡視，並與當地徒眾接心講話。

大師說：「別分院等於國家駐外的領事館，要與外交部（常住）不斷的聯繫報告，能如此，會得到常住的支援，協助解決困難、問題。

在大學教書者，不只是教書、教文字，現在要教的，最重要的是『人際關係』。

十個人的道場，職務不能分得太清楚，要學習西來大學校長黃茂樹博士說的：

『我來當校長兼工友』的精神，什麼都做，要有『雞婆』的性格。

住眾與主管之間最大的問題是『不服氣』；不給人領導，又不能領導別人，因緣、機會不會賜給抱怨、不平的人，它是給予願意求進步的人。這個世界都是靠自己去努力的，別人不會替你打天下，要自己努力去打出一片天下。一個人如果缺少反省、改過，在佛門也只是空過。出家眾要發心、要真心，不斷的超越、進步、昇華。

所謂修行，最重要的就是生活的修行，從衣食住行中修行。」

77 被人領導是本領

二〇〇七年七月二十八日下午，
大師前往永和學舍巡視，並對寺務運作提出建言、看法。

大師說：「要去思想，如何利用現有的樓層、空間，規劃度眾。例如，接引二十到三十歲的年輕女孩，提供住宿，讓他習慣住在寺廟，除了住以外，也要給他參與、給他尊重，保護他的尊嚴，慢慢的，他就會走進佛教。

寺廟是四眾共有的道場，信徒不只是讓他來共修、禮拜一下而已，對於各種信徒所需不同，要能滿足他。

一個人有沒有能力是其次，明理最重要。被人領導是一種本領，要讓主管覺得『我很好用』，我不和人比較，我多做一點，讓主管說我很好，就是成功的一半。不能被人領導，就要能領導別人；但是要領導別人，也要給人服氣，千萬不要淪到領導人也做不好，被人領導也不服氣，就會變成群體的『邊緣人』。」

78 度眾要「耐煩」

二〇〇七年八月六日上午，大師前往屏東講堂巡視。

針對滴水坊飲食的品質、接待的語言、環境、服務，大師說：「煮麵不是煮麵而已，是要用心煮給大眾吃；不是吃飯而已，還要吃歡喜、吃親切的招呼、笑容；環境可以柔和一點，把品質做出來，讓人吃得永生難忘，自然就是口碑、廣告。」

關於佛光會，大師說：「佛光會開會為什麼大家樂於參加？因為讓開會成為一種享受；會中有教育，會議簡短，問題明確、內容新奇，提供大家未來的方向、展望，讓參與者感受到加入佛光會的利益與價值。」

大師也勉勵徒眾：「度眾要『耐煩』，對不同根機者，給予不同的滿足。喜歡讀書者，鼓勵他參加讀書會；老闆、主管者，請他喝茶、吃飯；喜歡助人者，請他當義工；讓信徒學習當校長、老師，讓他有成就感。」

79

要感覺別人的好

二〇〇八年一月二十七日，教育院集合叢林學院師生，於傳燈樓集會堂，禮請大師為即將畢業領職的學生開示。

席間，一位吳同學向大師表示，自己做事迅速、反應敏捷，因此常不能忍耐團隊中做事拖拉、動作緩慢的人。他請示大師：「要如何與延誤工作的人相處？」

大師回答：「快慢都有另一面的優缺點，但一般人總會有眼高手低、人不如我的心態，因為自以為優秀，常有我比他高、我比他大的幻想，因此處事傲慢，容易看不起人。

與人共事合作時，要能覺得他人好，要用崇拜英雄的心情去崇拜他人，向他人學習。傲慢不僅是不了解別人，也是不了解自己。所謂『天生我材必有用』，愚人也有一得。比你反應慢，感覺不是很靈敏的人，他必定另有所長，千萬不要把自己凌駕於他人之上。**人比人，氣死人，不需要比較，每個人都是**

獨一無二，都應得到尊重；懂得欣賞快慢不同的節奏，每個人都有值得學習的長處。」

80 真好人不怕批評

二〇〇八年三月十四日，一位畢業於知名大學的年輕徒眾，前來法堂請法。這位徒眾因為才華高，出家未久就被常住委以重任，其住持的單位中，有不少早年出家，佛門資歷更高的師兄；在領眾方面，這位徒眾感到有些困難，請大師為他開示。

大師說：「『好人』往往被人討厭，變成人們說三道四的壞人；反觀那些平庸的人，大家不太計較他是好、是壞。人若是死了，過去就算是壞人，也都會被承認是好人，主要是因為死人不會障礙你了，自然會肯定他是好人。」

大師又說：「其實，人生在世，別人口中稱讚的好人，未必是好人；別人口中議論的壞人，也未必是壞人。就算是『壞人』也是一時的，壞人也會變成好人，很多人在死後，成為英雄、成為賢人，成為好人。所以真是好人，就不必怕別人說你是好、是壞，更不用掛念死後的蓋棺論定，因果自然會有公平！領眾貴在領心，身教重於言教，一切以佛法為遵循，以常住發展為考量，其他的人我是非，就無須放在心上。」

81

薪火相傳，希望無窮

二〇〇八年九月十九日晚上，大師在傳燈樓集會堂，邀請「當代傳奇藝術」總監吳興國、「太古踏舞團」舞蹈家林秀偉伉儷，為全山大眾作專題講座。

大師首先讚賞吳興國、林秀偉伉儷實為台灣國寶級人物，他們人文精神的創作及人道關懷的演出，就是真善美的藝術。接著大師以「真心」、「生命」兩大主題，為大眾開示。

大師說：「佛教經典《大乘起信論》之思想『心真如門』、『心生滅門』，二者是一體兩面。世間所造罪業，不會永遠不變，以懺悔的法水洗滌，身心就能獲得清淨；正如衣服髒了，用清水一洗，穿起來自覺神志清爽，此即『心生滅門』。內心的佛性則永恆存在，此即『心真如門』，我們的生命，如同燃燒薪木，一根接一根，火焰不停地延續；一期生命結束了，下一期生命又開始，生生死死，死死生生，綿延不斷，希望無限。」

大師又說：「世間萬事不能只看單面，要看全面，佛經『盲人摸象』的故事裡，真正的大象像什麼？需用智慧的雙眼才能見到事物的全體。」

82 做事全力以赴

二〇〇八年十月十三日上午，
大師於本山法堂召集書記室全體書記開會，指導文稿等工作之相關事宜。

大師說：「說話的背後，要有背景、有實例，不能空泛，否則猶如一棒打虛空，不切實際。一個人若欠缺思想，成長發展不夠，書讀的不足，宛若一灘死水，無益於己。唯有訓練思想的縝密度，精進用功，才有活路，才有辦法，才有成就。」

大師又說：「對工作要有願力，有願就有興趣，不願則點滴困難；工作當作事業就會做出興趣，全力以赴，必定功不唐捐。」

83 從反省中學習

二〇〇八年十二月二十二日，有一位從武漢到洛杉磯留學研讀法學的徐姓碩士生，來到西來寺客堂向大師請示。

請教大師「學習之道」，大師說：「我一生的學習之道，是一種自覺的教育。比方說，我經常不斷的自我要求與反省，從自我檢討中，慢慢發覺是非得失。所以我很欣賞日本南北朝時代的武將楠木正成將軍，他在壯烈犧牲後，旗幟上留下的『非、理、法、權、天』這五個字。」

大師進一步說：「我們都知道，面對『非』，必須以『理』回應；但是理不如『法』，因為『法』是有『權』力者所訂定。然而『天』是因果，因果必定勝過人間的是非得失、權責法條。對於我讀到的這五個字，我就會這樣去思惟、理解、消化，用心詮釋一遍。」

大師又說：「過去我年少時，在叢林裡生活，與老和尚、長輩或老師在一起的時候，只要有機會和師長閒話家常，我就會用心傾聽。因為自認孤陋寡聞，書讀得少，所以要把握機會，用耳朵來聽，來讀懂、讀會這許多的人生之書。」

再請問大師：「那時候您年紀小，長輩們為什麼願意跟您講話呢？」

大師說：「可能因為我個性好，老人家們都喜歡與我談話。當然，也因為當時我沒錢買書，所以能用心傾聽長輩談話，而且我都在他們講話快結束前，先預備好問題再請教，讓原本要結束的談話，更是滔滔不絕地講下去，欲罷不能。我在這過程中，得到老人家豐富的經驗與閱歷，等於也讓老人家將人生心得做了世代傳承。

從老人家那裡接收、學習，再分辨聽到的這許多話，思索自己應何去何從？世間情勢為何？讓這些談話成為我生命的導師、精神的糧食，歸檔進入我的內心與記憶，成為養分。對於當時沒有太多人生經驗的我而言，與老人家談話，為我開拓了眼界、增加了經驗，雖不是親身經歷，但這些閱歷，幫助我對人間能了解情況，對世情也更了然於胸了。」

84 給青年的開示

二〇〇九年一月十九日晚上，大師於本山傳燈樓集會堂為來山參加大專青年心靈成長營、國際英語佛學生活體驗營的學員開示。

大師說：「對自己一無所知，對別人一無所解，如何百戰百勝？好比兩軍對峙，飛機的性能代表它能飛多高、多快，仗未開打前，即可得知勝負。人心亦然，心靈能源有多少，將來就能飛多高，走多遠，擔當多少任務。」

大師又說：「擁有財富、名聲難以為人敬重，具足道德、人格、誠實、信用等才能受人肯定與重視。讓社會認定我們，唯有信念；我這一生最大的信念，即秉持慈悲應世的態度，若無慈悲心，寧捨一切；為了誠信，自己吃虧也不占人便宜。應有這樣的理念弘法度眾，則處處能以歡喜心待人。

人生不能只靠運氣，實力很重要。有的人雖然運氣不好，但是只要有實力，終究會受到肯定。命運不在時辰日月，而是操之在己，自己的行為決定未來的命運。為財、為愛、為事、為念頭，一念動起，個人命運也隨之不同。人生要秉持『拒絕要有代替』的方針，待人處事，不讓對方難堪，並時時想到給別人一個助緣，必能結下善緣，才能和諧共處。」

85 以平常心看人事

二〇〇九年一月二十五日，在蘇州從事紡織業的台商莊先生，來到宜興佛光祖庭大覺寺拜訪大師。

請教大師：「在公司或者單位中，如何與以自我為中心的領導人、主管相處？」

大師回答：「人和人相處，沒有絕對的好或壞。在職場中，主管與下屬，要有共事的倫理。例如，上司的命令不可以不聽，上司的指導不能不從，下屬必須尊重、服從主管，不然他不會是你的上司。」

大師接著說：「當然，如果主管確實有行事不正派、處事不當時，你可以力行菩薩道，去影響他、感化他、容忍他；若是覺得自身能力不夠，就應該轉念想『緣生則聚，緣滅則散』，另外換一個有緣的工作和人相處，這也是正確的做法。因為人若是在主管不接受自己又高壓的領導下，就會產生痛苦與不平的心理，所謂緣起緣滅，不如用平常心看待不歡喜的人事，因緣也會隨之改變。」

86 團隊要彼此尊重感謝

二〇〇九年一月二十六日，在廣州東莞從事製造業的甘文華先生來到宜興佛光祖庭大覺寺，在西淨客堂巧遇大師。

甘先生把握機會，恭敬地請問大師：「一個事業有成者，他的背後一定有一組優秀的團隊幕僚，如何去組織一個好的幕僚團隊呢？」

大師開示說：「一個人，不能獨自存活於世間，凡事都是靠『因緣』才能成就。沒有農夫種田，你有飯吃嗎？沒有工人織布，你有衣服穿嗎？沒有司機、交通工具，你能從這裡到那裡嗎？沒有公司、老闆來任用你，哪裡能賺錢養家糊口呢？」

大師緊接著說：「所以，人在世間上要靠團隊、要靠因緣才能存在。想要生活美好、事業順利，就要珍惜因緣、尊重因緣、感謝因緣，無論是你的上司、同僚、部屬、家人、朋友，他們都是你的善緣，佛教說廣結善緣，能和大眾一起相處、融和，懂得廣結善緣，必定能受人歡迎、尊重，還怕沒有優秀的團隊嗎？」

87 冤家仇敵是貴人

二〇〇九年一月二十七日，一位大覺寺知賓溫師姐，長期對一位「冤家聚頭」的同參感到非常困擾，因此趁著為大師送茶時，問了大師一個問題。

問：「人與人之間，即使你給人家恩惠，受惠者也不一定記在心裡，或是來報答你；但只要你稍不順人意，對方馬上就產生怨懟的心理，因此想請教大師，如何化解冤家仇敵呢？」

大師答說：「人和人相處，即使是共命之鳥的夫妻，有時也會有不同的意見；甚至自己的牙齒和舌頭偶爾也會咬到，不能一直和諧，何況這個世間上，有這麼多不同的人、事、物。若求人人都能順從自己，這就是過分的妄想，是緣木求魚；反之，學習如何順從別人，這才是更重要的事。」

大師又說：「遇到與自己不同類型的人，可能不是妨礙，而是幫助。例如一位從事農業的人，忽然要與水利工程背景的人共事，如果農田缺水，對方的水利專業就能幫忙你灌溉。又例如一位以手作為主的工匠，如果有廠商能製造合適的工具，供給他使用，必定能助長工匠的效率，讓他事半功倍。總之，我們要能思惟，『不同』中可能藏著我們的助力、助緣，所以我們不必排斥這些差異，應該感謝他、容許他，和他在『不同』裡面，共榮共存。如果能建立這樣的觀念，於己於人，才能成為彼此的好因好緣。」

88 要賺到人心

二〇〇九年二月十三日中午，大師在傳燈樓會議室，以「素齋談禪」方式，與國揚實業創辦人侯西峰率領包括國揚實業、漢來飯店（含餐飲事業部）、漢神百貨、漢威巨蛋等子公司三十二位高階主管接心開示。

大師說：「世間上，有的人富有，卻煩惱重重，有的人貧窮，卻過得歡喜；人生過得歡喜，比擁有金錢重要。人生要能『轉』，轉窮為富、轉難為易、轉苦為樂；能轉，才能重現生機。

世間萬物不會永遠恆常不變，不應被假象所迷惑；自身的道心、信仰、慈悲、精神、毅力不變，就能在其中找到真相。

管理要能皆大歡喜、要能雙贏。人總有情緒、分別、誤會、疑慮，故應多說好話鼓勵下屬。懂得賺到人心，就能賺到財富的領導人，才是成功的企業家。」

89 領導與被領導

二〇〇九年六月十九日，大師在法堂與別分院回山銷假的職事、主管小參、開示。

大師問：「領眾是一門藝術，你們有感覺力不從心，或帶領部下遇到瓶頸嗎？遇到這種情況時，要怎麼辦呢？」

大師接著說：「其實，這個問題不是我可以回答的，應該要問你們在座的主管。你有對部下愛護關照嗎？這是雙方面的問題，不要怪部下不服從，或者怪人難管理，這都要互相了解、探究。對領導人而言，要增加領導的技巧，比方對人的心理、對人的照顧、對人的關懷，也就是說，你能解決部下的困難，他就肯服從你，那麼就能帶領好部下。等於將軍率軍打仗，帶兵要帶心；做領導人也是一樣，你要讓部屬心悅誠服，他自然會接受你的領導。因此，不必急於要求部下，先要反求自己：我的能力足以領導大家嗎？」

「你被領導，你服氣嗎？你看得起主管嗎？其實被領導也是一門學問。」

大師關懷服務年資不久的小職事，言道：「被領導的人，你也要想，我才剛來，是一個初學者，主管是我的前輩，是我的學長，他比較懂、比較了解，自己事情做錯了、被責怪了，我都應該虛心接受；如果不虛心接受，就沒有進步，主管也會不歡喜。」

「在社會上工作，你不要別人，別人也不要你，在這裡嫌人不好，到那裡也嫌人不對，實際上，並不是工作好不好的問題，而是與我自己的做人、我的品德、我的學習、我的能量有關。所以，無論是領導的人，或是被領導的人，你能虛心檢討自己，就能處處受人歡迎。」大師為徒眾上了一堂寶貴的處眾課程。

90 學習被人領導

二〇〇九年八月十八日晚上，
大師於本山法堂與人間大學美學學苑第二期學員接心。

大師說：「世界上最重要的是『人』，舉凡天文、地理、金錢、愛情等種種問題，無不以人為中心。開辦生活美學學苑，意在提倡『做人要美』，包括衣食住行、行立坐臥的得體與美感，人際之間美好的關係與感受。大家為求真理登淨域，為學佛法入寶山，打開心靈，佛心佛性、自心寶藏才能入心。」

學員提問「我願」與「我執」的差別。

大師說：「兩者間的差別，『願』不會妨礙別人，『執著』卻會；『願』可以啟發、擴大、提升、成長自己，『執著』只會障礙自己，阻礙進步。人貴自知，要知道自己有多少條件。想要有所成就，必須思考自己將來要做什麼。一個好的領導人，先要學習被人領導；即使自身沒有條件，也要幫助有能力的人成功立業。不做問題人物，要做單純之人，凡事隨順因緣，隨喜而作。」

91 從小悟到大悟

二〇〇九年十月十三日晚上，大師在馬來西亞東禪寺，出席東禪寺舉辦的千人「人間萬事讀書會」，大師以「做人」為題開示。

大師說：「談做人，先要問自己是好人還是壞人？不是每個人都要成佛，但要發心做菩薩，為人服務。大家可以發願從做小菩薩開始，慢慢學習做大菩薩，每天懂得一些，開悟一點，從小悟晉升到大徹大悟。

佛教講『發心』，心如田地，要開發才能建設大樓，才能種植農作物；心田若能開發，必能豎窮三際、橫遍十方。」

92 身為文化人要問心無愧

二〇〇九年十月十四日上午，大師在馬來西亞東禪寺，出席「弘法記者招待會」，說明此行大馬弘法的行程與內容，並廣邀社會大眾參加晚上舉辦的「三皈五戒」典禮。隨後針對記者提問，大師一一給予解答。

大師說：「大家身處多災多難的世紀，凡事要懂得往好處去想，學習吃虧、忍耐、與人為善，慢慢培養自己的清淨心、忍耐力與般若智。

人難管，心更難管，管人先管自心；每個人一生中，除了父母、朋友及社會給予我們教誨之外，更要淨化自己的身心，遠離貪瞋癡等毛病。

身為文化人，要能問心無愧，例如媒體人所寫的一字一句，都具有無限的影響力，希望大家不求一時之利或一時之好，要有『與人為善』，闡揚人間真善美的文化人精神。」

93 知客要廣學多聞

二〇一〇年二月十日，
大師為參加「知客講習會」的徒眾開示。

大師說：「人人都是知客，出家要說法度眾生；不會說話、不與人接觸，如何做知客？不會做知客，如何度眾？不做知客服務大眾，又談何出家？如果不能承擔知客的工作，就不夠條件出家。

『知客』，乃『知道客人』之意，要知道客人的身分背景及來訪目的，對談話內容、如何給他歡喜等問題都要考慮。因此，身為知客，平常要讀書，要有知識、常識。如《八大人覺經》云要『廣學多聞』。

知客要能把一個不熟悉的人，讓他來寺院以後，成為友好人士，有賓至如歸之感，進而生起信心，成為信徒、護法、幹部，乃至團體的一員。言語間，即使對方冒犯，知客本身也要有說明的事例、辯論的慧巧和容忍的度量。知客要會說話，要在對的時間說話，機不可失；但話不能太多，要懂得聆聽，也不可冷場，並用心注意人家的反應。」

94 長養正念、正見

二〇一〇年四月六日，大師應邀為人間大學短期培訓生活美學學苑、蔬食餐旅學苑及勝鬘書院五十位學員，以提問的方式開示。

提問：「如何當一個好的領導人？」

大師說：「一、能被人領導，才能領導別人；二、要設身處地、要立志；三、對他人不同的職務、心性、志趣要了解，並懂得調和；四、自己要有原則，如與人為善、賞罰分明、鼓勵後進、適時給予指導等；五、要心甘情願；六、要讓跟隨自己的人覺得有歡喜、希望、未來。」

提問：「如何覺察並破除自己的無明煩惱？」

大師說：「一、解鈴還須繫鈴人，真正能解決問題的只有自己；二、無明非常態，如火總能以水澆熄，問題是水在哪裡？要靠自己才能找到；三、人生要有能耐，要耐煩、耐久、耐勞、耐苦、耐怨，煩惱也需要忍耐；四、長養自己的力量，才能解除煩惱；五、煩惱如敵人，長養正念、正見、慈悲、智慧，就如增加將軍兵馬，必能降伏怨敵。」

提問：「如何對人不起分別心？」

大師說：「一、唯有佛的境界才能不起分別，稱『無分別智』。人心還是有分別，然而對於較疏遠者，只要平常心就好。對於周遭人事，則要想方法改變自己。人是相互對待的，自己不喜歡別人，別人同樣不喜歡自己。因此要設法欣賞對方，轉變自己的觀念，至少不必記恨，學習『隨他去』；二、愛護敵人，為敵人服務，是很大的修養。」

提問：「如何保持對社會的熱忱和動力？」

大師說：「一、不斷淨化自己、改造自己，讓自己的氣質、思想、心情變得更好；二、對於自己的修行、度量、信心、與人相處、包容力、尊重心，要經常自我檢討；三、要快樂、歡喜，生氣划不來，要明白自己是為歡喜活著。」

提問：「我們能為佛教做什麼？」

大師說：「文采好能著書立說；口才好能傳教、當知客、參加會議、周遊世界、參與各種法務；有慈悲心可從事養老育幼種種慈善服務，其他如行堂、典座、環保等工作，在佛門有做不完的事，只要肯發心。『發』就是發展，『心』是田地，能開發心的田地，收成無限。」

161 —— 160

95 企業的核心是尊重員工

二〇一〇年六月七日上午，大師在傳燈樓會議室，會見大陸清華教育學院杭州國學總裁班學員、舟山市蓬萊水產有限公司葉龍平董事長等三十五位企業界主管，針對他們的提問，予以釋疑。

提問：「遇到困苦時，如何做到您所說的『智慧不煩惱，慈悲不樹敵』？」

大師說：「人最重要的是相信自己。相信自己『我能』，我能做好人、做善事、幫助人，起碼自己要建立信心。佛不用我們信仰，信仰自己能產生更多力量。當然，對國家、社會、朋友、事業都要有信仰，能對宗教有信心更好。

家庭滋養色身，寺院長養精神慧命，如受到挫折、委屈，可能到寺院見到佛菩薩像、到教堂見到十字架、聖母瑪利亞，會給你無形中的力量，就如加油站，在精神上為你加油。」

提問：「企業文化的核心為何？」

大師說：「企業最主要是發展、成長、有益於社會、自己賺錢、改進生產，但知易行難。同樣做生意，有人賺錢，也有人蝕本，不能怪風水運氣，經營有得有失，有成有敗。

日本松下電器的成功，是因為松下幸之助先生對員工的尊重。所以企業用人，不完全靠權力，還是讓人心甘情願，尊重第一。」

96 無限的大心

二〇一〇年七月十五日晚上，大師在台北道場宗務堂，接受有鹿文化公司採訪《金剛經》的宗要大義之後，隨行弟子也提出一些相關問題請教大師。

弟子問：「如何運用《金剛經》的智慧，在工作中自利利他？」

大師說：「第一、不執著。不執著就是無住、放下、超越。第二、發心。《金剛經》從頭到尾沒有提到『發心』，也許有的人會不懂。『若卵生、若胎生、若濕生、若化生；若有色、若無色；若有想、若無想、若非有想非無想，我皆令入無餘涅槃而滅度之。』意思是那麼多眾生，我要發心度他，並不是給他吃飯穿衣，而是要給他解脫。『如是滅度無量無數無邊眾生，實無眾生得滅度者。』我都不覺得眾生是我度的，因為眾生本來就是佛，他們本來就有這個能量，我只是給一個因緣，我不能居功。這叫發廣大心、發無對待心、發無顛倒心、發平等心，是無限的大心。」

弟子問：「許多佛經裡常以舍利弗作當機眾，被佛陀斥責，何都是他在扮演啟發別人的角色？」

大師說：「因為舍利弗是大師兄，又有智慧，很多須要表現智慧的地方，都是舍利弗出場，如被維摩詰居士呵斥，須要忍耐，沒有智慧不能忍耐。忍，從認識開始，然後接受、擔當、處理、化解；忍，是智慧的力量。」

弟子問：「可以說般若是因，菩提是果嗎？」

大師說：「不要給名相迷惑了。什麼叫真如、自性、真空、妙有、涅槃、如來藏？過去的人為了解釋一個道理，怕別人不懂，就創造一個名詞，實際上都是說一件事——心，自己的本性。」

97 安然是財富

二〇一〇年八月二十一日上午，大師在如來殿大會堂，應邀為來佛光山參加朝山修持的南海觀音文教基金會六百餘位會員開示。

大師說：「布施是發財的方法，布施不是給人，而是給自己。佛法就是財富，內心的財富不是存在銀行的黃金、股票，而是智慧、包容。有慈悲心、愛心就是佛法，佛法超越一切金錢的價值。緣分就是財富，俗話說『財運』，佛教講『緣分』。有的人雖然沒有錢，但是因緣好，一下子就能賺很多錢。一般人只看重有形的物質財富，其實無形的財富更有價值，如身體健康、事業順利、得好名聲、家庭平安都是財富，心中安然自在、得到解脫，就是最大的財富。」

「在社會上求名求利時，要心存南海觀音的慈悲願力，若要求財富，要到茫茫人海裡去，要走向社會、走向人群。起瞋心時，如《普門品》中『設入大火』，稱念一句南無觀世音菩薩，則『火不能燒』；遇盜賊時，一念觀世音菩薩，則盜賊不敵；因為『慈悲沒有敵人，可以降伏一切』，求功名、富貴時，更要秉持著觀音的平等心量，不動邪念，利己利人。」大師如是說明，「財富」甚深的意涵是廣結善緣，是內心的安然、解脫。

98 安於苦行加速成就福德

二〇一〇年十一月十九日，
大師於法堂會議室，和大寮的徒眾接心。

大師說：「大寮，乃過去叢林出祖師的地方，因為不斷培福，滋養大眾色身；在廚房修行，能加速大家成就。大家平時要安於工作，安於苦行，為信仰發心；此外，還要自我充實，用功閱讀經論，醞釀專長，待因緣具足，自然會『天推出』。成功沒有祕訣，唯有靠發心、慈悲、忍耐、勤勞、待人好；不能投機取巧，要全心全意，做到最好。心一發，無事不辦。

本山的人才是『做』出來的，要能禁得起、耐得住。發心、慈悲、勤勞、忍耐、待人好，都會有大用。慈悲絕對能成功；忍耐就是力量和智慧。廚房要供應千人以上的飲食，在快速中，做事有程序、規劃，自然能從容以對。讓人在佛門吃得歡喜，並對素菜產生好感，一樣是在度眾，一樣在做功德。」

99 藝術是真善美的工作

二〇一一年一月十七日，大師應佛光緣美術館總館館長如常法師禮請，於本山傳燈樓會議室為美術館義工開示。

大師說：「從事宗教、藝術的義工，也許寂寞，但所作皆是『真善美』的工作。藝術與宗教相通之處，在於『犧牲』，表面上各位捨去了賺錢的時間，來做無償的工作，若能真正認識，人生的意義就在其中。發心為宗教服務，『學習吃虧』是想當然的事，團體裡沒有『便宜』；真正的便宜，是心中的歡喜，及透過工作而不斷擴大、昇華的境界。」

有義工問：「人生的價值在哪裡？」

大師說：「在每個人的心中。只要感到『有意義』，那就是價值所在。」

義工問：「人我之間溝通很困難，如何克服？」

大師說：「人我之間溝通，貴乎彼此之共識；有共識，才能適合大眾、人心。」

100 運用錢財的智慧

二〇一一年一月十九日上午，大師在傳燈樓客堂，會見由本山功德主戰淑芬陪同來山禮佛的玉山銀行董事長曾國烈等六位同仁。

曾董事長表示，大師的〈二〇一一年致護法朋友的一封信〉讓他很感動，對於大師具有世界性的影響力表示欽佩。大師於會談中為他解釋「佛教的財富觀」。

大師說：「對於財富，可建立『以無為有』、『能捨才有得』的觀念，財富生不帶來死不帶去，對於這一時的金錢，我們要有永久運用的智慧。比如成立公益基金會，或提供清貧學生的助學獎助金。把金錢施捨給需要幫助的人，表面上是捨，其實是得，個人得到友誼、尊敬，社會得到溫暖、關懷。賺錢是辛苦，花錢要花得有智慧，要花得讓別人也得到快樂。」

101 以客為尊

二〇一一年一月二十四日，大師應都監院之邀，出席在佛陀紀念館召開之「春節會議」，指導春節期間禮敬大廳各項設施之規劃，並親自帶領各組相關人員實際到現場考察。

大師說：

一、大家必須本著「服務奉獻，以客為尊」的觀念服務大眾。凡事客人至上，信徒第一，我們寧可自己辛苦、委屈，也不貪圖一己之便。

二、佛陀紀念館真正的設計者，不是任何一個人，而是佛陀，因為一切自然現成，大家要永遠記住「光榮歸於佛陀」。

102 凡事要說「有辦法」

二〇一一年二月六日晚上，大師應都監院邀請，出席於本山傳燈樓會議室召開之「春節檢討會議」。

聽取春節檢討會議各組匯報後，大師指導：

一、未來要專門設立義工組，照顧義工，要給予義工好的待遇，但也要求考績，義工也是一個社會，要有組織，並區分不同層次與類別。

二、凡事要說「有辦法」，不能遇到困難就說「沒辦法」。佛光人不會沒有辦法，若沒有辦法，就要檢討工作、改正作風、累積經驗、找出竅門，自然會有辦法。

三、多留意信徒們的「一句話」，不論是好話、批評或建議，皆可向常住匯報。大家也要學習說「一句話」，懂得比較，評估輕重、是非、得失。

四、一直以來我有一個理念，讓富有的人出錢，給予貧苦大眾一點意外驚喜，讓每個人享受人間的溫暖，如此能協助政府拉平社會貧富差距，同時也為了佛教的發展。因此，施平安粥，要做得更好、更周全。

五、佛陀紀念館發揚歷史文化，同時著重教育，雖然佛陀紀念館由佛光山主持創建，但它是屬於全人類的。一磚一瓦、一花一木，皆是各功德主的發心，他們已經把內心的光明、善良、善美，在全世界發光發熱。

最後，大師勉勵眾人：「現在不管大家如何辛苦，未來對佛教都會有貢獻。」

103 給人一碗稀飯也要合掌

二〇一一年二月十日下午，大師應長老慈惠法師邀請，在傳燈樓會議室，為「檀信樓平安粥施粥講習會」指導平安粥的烹調方法，並為徒眾開示。

大師說：「成見不空，投師學藝就學不會；不要有『我以為、我覺得、我認為、我想』的觀念，要做個受教的人。若能懂得，一句話就足夠；如果不吸收，不用心去揣摩、實踐奉行，再多的話也沒有用。

要宣揚『平安粥』，平安粥的意思很簡單，就是給大家吃平安。煮粥、飯、菜都是一種藝術，讓人感覺吃下去後仍留在口邊、留在心裡，所結的緣，功德無量。

平安粥的成分不能隨便增減、更改；因緣條件不對，結果也會不對。給人一碗稀飯也要合掌，合掌就是溝通，就是傳達，向對方表示敬意、接受、融和與成就。」

104 一件事是眾緣所成

二〇一一年二月十二日下午，大師於本山如來殿會客後，前往都監院辦公室，關心書記們春節期間的辛苦。

大師叮嚀大家，雖然事情忙碌，三餐仍然要正常，取都監院書記們報告，給予指導。

一、一件事不只有「因」，而是眾緣所成，緣就是真理、佛法。因此，看事情要有更深一層的想法，要看出問題，才能有進步。

二、報告不能沒有數字，大家要有數字觀念，一就是一，二就是二。數字有邏輯、理則，不容隨便更改。

三、大家要建立「我在眾中」、「我是眾中的一個」的觀念，不要有個人。應推行民主、共和、共有、大眾化，出家人心中要有眾生，才能成就事業。

四、人與人溝通交流要有反應，好話要傳播，資訊要交流，肯與人接觸，就會學到東西。

五、服務要有熱忱，方法要有巧妙。「巧智」是形象上的，「慧心」是發自內心的，簡單地如倒一杯茶，都能給人信心、歡喜。因此，大家要懂得發揮常住的價值，所謂「十方來，十方去」，有「去」就有「來」。

六、佛光山要有慈悲與智慧。慈悲沒有智慧是糊塗，智慧沒有慈悲則太過理性、生硬，因此要融和。

105

一半一半

二〇一一年四月四日晚上，
大師在廈門皇家盤基飯店接受《廈門日報》社長採訪。

提問：「什麼是出家的性格？」

大師說：「有出世的思想，也有慈悲入世的情懷，有勤勞的習慣，願意為人服務。」

提問：「大師有什麼長壽祕訣？」

大師說：「長壽有長壽的因緣。簡單、淡泊、運動、心寬、喜悅、正派、助人、放下、捨得、歡喜、慈悲，都是長壽之道，不過，人生如果沒有立功、立德、立言，活到一百歲也沒有用。」

提問：「人生的苦難是必然的嗎？」

大師說：「世間本來就是一半一半，困頓、受打壓也是必然的過程，不論正邪、善惡、好壞、是非，都必須奮力戰鬥。如過去我為革新佛教而受盡打壓，但我堅持『為了佛教』的信念，不畏艱苦，勇往直前。

在一半一半的世界中，提升我們的一半，要靠自己的力量，做自己的貴人。儘管世間汙泥很多，但終能長出蓮花，因此，不必覺得委屈，一切都是成長的資糧。」

提問：「您面對人生重要的選擇時，有沒有什麼標準？」

大師說：「沒有標準，沒有選擇，一切都是因緣，都是大家所促成的。我一生以無為有、以退為進。所謂『手把青秧插滿田，低頭便見水中天；身心清淨方為道，退步原來是向前』，前面半個世界人人爭取，已經成為人生的窄門，只要懂得回頭，後面半個世界更寬闊，退步還是很積極的。」

提問：「您對生命的看法？」

大師說：「世間萬有是公眾的，我們的生命也是社會大眾所給予。身體不是我的，所有一切都要回歸大自然。」

提問：「如何讓民眾更容易了解人間佛教？」

大師說：「佛說的，人要的，淨化的，善美的，就是人間佛教。」

106

辦教育要讓人如沐春風

二〇一一年七月十五日上午九時，大師應邀於本山集會堂，為參加「全國教師生命教育研習營」五百位老師，及佛光、南華、西來、南天等四所大學一級主管進行演說。

大師說：「辦教育要讓人如沐春風，教室要像電影院、像家庭的溫暖窩。辦大學不是為了圖利，而是克勤克儉為教育。中國從孔子到孟子，都是貧困的讀書人，為了真善美的人生，傳道授業。佛教的教育，釋迦牟尼佛除了觀機逗教，還示教利喜，本山本著佛陀的信念，給人信心，給人歡喜。教育是給人的，享受『給』，實際自己的收穫最大。」

大師又說：「佛教的五戒，就是『自我的管理』，如對別人的生命、財產、身體不侵犯，不說謊、不欺騙，不吸毒、不飲酒，尊重別人。其實心就像工廠，治理好，能夠製造出慈悲心、愛心。『自覺』就是自我改造，從觀念、思想改變，一切就會改變。神不能控制我們，神是人創造的，其實自己的心什麼能源都有。」

107

處事哲學

二〇一一年八月四日藥石後，大師於本山如來殿外的丹墀跑香，遇見幾位將前往上課地點的佛陀紀念館工作人員、培訓班學員，隨緣為他們開示。

大師說：「處事要有你對我錯，你大我小，你有我無，你樂我苦的修養。」接著又以韓信的「胯下之辱」、東晉謝安「淝水一戰」的故事，勉勵同學：「以忍為力，世界會更寬廣。學習『放下』，用時『提起』；要有『能捨』、『重新再來』的心態，才能進步。」

108 人我之間是同體共生

二〇一一年九月二十一日，大師於佛光祖庭宜興大覺寺，為「大覺寺第七期培訓班」學員開示。

大師說：「我們要檢查自己的性格，若合乎大眾的、喜悅的、服務的、樂觀的、進取的性格，就會很快樂，如果把快樂寄託在一個人身上，這是非常渺茫和短暫的快樂。各位到大覺寺來，不要光看人，要看眼前、要看到大覺寺的未來有我一份。」

大師又說：「在佛光山，大眾會推動你向前，歷史會推動你進步，時間幫助你成長，將來也會很安全，只要努力就不會被遺棄。要勤勞、要發心、要表現，在大覺寺有很多值得我們參與，如頭山門八字屋的管理、大雄寶殿、齋堂過堂制度的建立、舉辦各種藝文活動等。」

「我們是為人間服務的，心中先要有『歡喜』，不要對立。因為我們是一起的、是一家的、是同體共生的。」大師如是勉勵。

109 給人教訓是福氣

二〇一一年十一月十三日，由佛光大學和中華佛光青年總團舉辦的「義工台灣·青年愛心讚出來大會師」於本山舉行，共有六百位青年參加，大師應邀於傳燈樓集會堂與學員接心。

大師說：「觀世音菩薩、地藏王菩薩及所有諸佛菩薩為眾生服務，不追求名利、地位或是待遇，而讓人敬仰，故今後的世界一定是服務的世界。服務業不能只想賺錢，要懂得享受犧牲，享受奉獻。服務的心要公平，不論對待親人、朋友，都要一視同仁，縱使吃虧、被欺負，要當作是對方給我們機會成長。」

大師又說：「過去父母、師長、親友給我們因緣成長，現在換我們給大眾因緣。世間的功德、福利要傳承，要帶著莊嚴的心情服務眾生，廣結善緣。」

有青年問大師：「在服務過程中，被誤會、刁難，如何轉化自己的心境？」

大師說：「認錯是勇氣，給人教訓是福氣。凡事往好處想，自然可以感受人的善良、可愛、美好的一面，就像佛教以觀想方式，能往好處想，自然會能幹、有成就。此外，要『給人接受』，就要對人有笑容、勤勞服務、待人有禮貌，用辛苦奉獻來樹立自己的形象；給人接受，就是為自己開一條光明的道路。」

110 學習做老二

二〇一一年十一月二十八日上午，
大師於本山法堂與從佛光祖庭宜興大覺寺回山受戒的弟子開示。

大師說：「佛教的文化和歷史，能對國家社會有貢獻，大眾建立因果觀，能減少社會問題。

從古至今，凡是為自己者都會失敗，唯有付於天下、大眾的人才會流傳千古。期盼大覺寺能做後輩的模範，師兄弟間彼此不論大小，要有你大我小、你前我後的觀念。要學習做老二，因為要別人擁護很容易，要擁護別人不容易。」

「上等職事：接待十方，講經說法，領眾修持，能講能唱；二等職事：熟悉法務，威儀攝眾，有修有道；普通職事：早晚課誦，能集眾隨眾。」大師如是勉勵。

111 「仁」是心中有別人

二〇一一年十二月十五日傍晚，大師在佛陀紀念館與清華大學深圳研究生院培訓學員二十一人會面。

大師說：「人除了認識自己的相貌之外，也要認識自己的心；一個人到世間上來，自己真正的主人就是心，不認識很可惜。佛就是我們的心，人人都有佛性、佛心；所以要反觀自心，不但要看外面的境，也要看到自己的心。

『仁』這個字，一個『人』字旁，再加個『二』；二個人，成為一個『仁』；我們如果只想到自己，就非仁義之人；要能為人設想，有愛人之心才有『仁心』。『仁』，在佛教叫慈悲，基督教叫博愛，各個宗教對於仁義都有一些發揚、實踐，不論是博愛、慈悲、仁義，都是心中有『人』的存在。」

112 眾緣成就

二〇一二年二月十七日下午，大師在佛陀紀念館，會見長庚醫院團隊鄭汝汾教授、林志哲醫師、林育弘醫師、王文志專員等，陪同來自美國的 John Roberts 教授、Kim Olthoff 教授、Abraham Shaked 教授，以及四位來自瓜地馬拉於長庚醫院受訓的醫師一行十一人。

大師開示：「人的生命會有變化，世界也會變化，在佛教來說，有成、住、壞、空的變化；季節的變化是春、夏、秋、冬；身體的變化是生、老、病、死。有了身體就會生病。醫生醫治身體上的病，宗教則醫治心理的病；身體上的病很容易治，心理上的病很難治。像有的家庭也生病，家庭不和；社會也有病，大家相互對立；世界會生病，族群有鬥爭，我們有心人，只希望能減少這些病症。」

「在佛教裡強調，一切事物的成就，都需要很多的因緣條件共同助成；宇宙之間，任何一個人都不能單獨存在，都是彼此相關。像是眼睛看、耳朵聽，腸和胃各有其用；其中一個有了毛病，都會相互影響，所以我們應該感謝社會大眾，因為有眾緣的成就，才能幫助我們生存、成長。」大師以互存相關的「因緣法」，為醫師們宣說人間應相互融和、協助。

113 創業維艱，守成不易

二〇一二年三月七日，中興工程廖乾榮顧問伉儷、鈺通公司徐英俊經理、中興公司楊永富主任、佛光大學工程人員等一行四十二人，大師應邀開示參觀佛陀紀念館。

大師說：「工程人員很了不起，他在佛教裡稱作『工巧明』，即使自己住得簡陋，也要把最好的給別人。」

大師說了一個故事：「以前有一個員外在新居落成宴客時，請建築人員坐上座，兒孫坐下座。一個客人起了疑問，請教原因。員外說：『因為建築人員幫忙蓋房子，但將來兒孫可能會把房子賣了！今天這麼做，是希望兒孫能體會創業維艱，守成不易的苦心，不必計較上座與下座。』」

大師又說：「煩惱是心裡的工廠所製造出來，為了個人、大眾、子孫、金錢等煩惱，如果自己能夠歡喜、慈悲、有智慧，就能消除無明煩惱。」

114

談義工的管理

二〇一二年三月十二日晚上，有鑑於佛陀紀念館甫落成，需要大量人力支援，大師特地於傳燈樓集會堂集合全山大眾召募義工。

大師說：「我們要恢復當初本山開山的精神，把服務、愛護常住的精神，一代一代傳承下去。本山的人都是義工，出家眾更要做『義工的義工』，義工不是來做苦工，不是讓我們任意指揮，呼來喚去；義工是神聖的『義工菩薩』，要能有這樣的想法。佛光山能有如此規模，是本山早期的徒眾、義工的心血汗水所完成，不能不重視義工。」

談到義工的管理，大師說：「義工需要受尊重，義工並非受人差遣、賣命，不是勞工；義工在全世界受到尊敬，台灣因為有義工而揚眉吐氣。對於本山義工要分類，如環保、文書、公關、園藝、工程、交通、電機義工等。再者，義工的住宿問題也很重要，分男眾、女眾義工宿舍；房間分為住長期、短期……這些都要認真去思考、規劃，要讓義工回到宿舍，有如回家的感覺。」

115

善知識

二〇一二年五月二十五日，就讀於南華大學的陳婷婷即將踏入社會職場，面對錯綜複雜的人事關係，婷婷希望能夠有好的前輩、朋友給予支持鼓勵，因此來山參加「寺院生活體驗營」時，向大師提問。

問：「法師開示時，都會勸人親近大善知識，請問大師，什麼是大善知識？現在社會上有很多藉著行善在沽名釣譽的人，我們又如何分辨呢？」

大師回應：「我們都想要親近善知識，親近好的師長、好的朋友，但是在我們的師長朋友當中，有的是偽善的，有的是裝模作樣、前後不一致的，有的對你是不懷好意的，所以你就感到要找個善知識很難，找個好朋友很難，找到好眷屬也很難。」

大師接著說：「不過從佛教的觀點來講，也不難，怎麼說呢？首先，你自己要有條件，其他的就都會受你的影響，哪怕你所結交的不是善知識，只要你的道行能夠超越他、善待他，讓他因而感動，受你的影響，這樣一來，你反而是他的善知識，這是很難料定的。所以說，年輕人要想在社會上遇到好的長官，在學校遇到好的老師，來往的朋友當中，都能交到一些前輩、長者，也有方法。在我們中國的歷史上，有許多這樣的例子，比方說『管鮑之交』裡，所有的利益好處，管仲都是先占有，鮑叔牙都不計較，到了最後，管仲就說：『做生意，我都要多分一點利潤，因為合作的鮑叔牙知道我比較貧窮；要打仗，仗沒打我就先退了，因為鮑叔牙知道我家中有個母親，我不能陣亡。因此生我者父母，知我者鮑叔牙也！』」

大師又說：「所以『人之相交，貴在知心』，要親近善知識，也要看緣分，本來是很好的善知識，可是不投緣分，也不得辦法。等於過去臨濟禪師拜黃檗希運禪師為師，可是每次請道都被打罵，最後黃檗禪師說：『你不要苦惱了，你的因緣不在我這裡，你去請教大愚禪師！』所以臨濟禪師就到了大愚禪師那裡，大愚禪師反問他：『那麼好的老師，你怎麼不跟他學習，反而要到我這裡來呢？』臨濟禪師回答：『他都是罵我、打我，就是沒有那個緣分啊！』大愚禪師說：『哎呀！這個黃檗啊，老婆心切！』臨濟聽了這句話，當下豁然大悟！

他的悟道因緣，就大愚的這一句話。」

大師繼續說明：「過去歷史上，除了佛經教示我們寬以待人之外，儒家也講忍耐、情意、寬厚，用『恕己之心恕人，責人之心責己』，這樣去找善知識，就比較容易。找尋善知識時，不能傲慢，不能語言太多，要聽善知識的教導、聽他開示；你把你的價值擺得那麼高，自己也這麼執著，再好的善知識跟你也不一定合得來，所以自己要懂得謙虛，才能『謙受益』。」

大師最後說：「《成佛之道》裡講到善知識有五個條件，例如：有道德、有學問、有慈悲、肯得教你、樂說，這才叫做善知識。尋求善知識時，自己的條件也要具足，對方才有條件教導你；如果自己沒有條件，那麼善知識也不得辦法。因此，先把自己健全起來，就容易找到善知識了！」

116 走向社會的條件

二〇一二年六月九日上午，
大師應宜蘭佛光大學楊朝祥校長之邀，出席該校一百學年度畢業典禮。

大師以「與人為善，從善如流；各讓一步，你我和諧；龍天護持，大眾吉祥；曲折向前，方圓自在」三十二字勉勵畢業生：

一、無論是博士、碩士、學士也好，做人是根本。你要把人做好，要與人為善，懂得從善如流，才是最重要。

二、這個世間都喜歡計較、鬥爭，其實不一定勝利，吃虧有時候是討便宜。謙讓是中國人的美德，我們今後在社會上做人，與對方相處，最好是彼此能配合，各讓一步，你我和諧。

三、龍天是誰？我們的父母、師長、朋友是我們的龍天，眾多的有緣人，都是我們的龍天護法，我們要融入到大眾裡面，成為他們的一員，和大眾同在，這也是今後走向社會重要的條件。

四、在佛門裡有一句話「直心是道場」，但是也要有方便，你給人一點空間，給人一點方便，比較有力量。這個社會，有時方，有時圓，做人、做學問，當方則方，當圓則圓，方圓要能自如自在地運用。

117 不要辦公室

二〇一二年八月三十日，大師至佛陀紀念館一教塔行政中心，關心館內各組運作的情況，並隨緣指導。

大師說：「我的理想是，不要辦公室。沒有辦公室，所有的人都在外面走，遇到信徒，馬路都是客堂，隨時可以招呼信徒，馬上處理任何狀況。做行政工作的人，不能說『我忘記了』，一忘非同小可，影響後續的相關作業。不但不能忘，人、事、時、地、物也不能搞錯，一錯了，需要更多人力去彌補過錯。」

有弟子提出：「佛館倉庫如何管理？」

大師說：「最好不要設置倉庫，有了倉庫，東西只會愈積愈多，沒有人懂得利用，浪費物資，又占空間。」

118 慈悲要有智慧

二〇一二年九月五日，大師午齋後於本山雲居樓二樓跑香，許多回山參加講習會的徒眾見之，紛紛跟隨大師一起跑香。

見到這麼多徒眾，大師不禁有感而發地說：「忙是營養、是動力、是快樂。人到世間上來，就是要忙，動起來生命才會長遠。不要常叫義工做事，不濫用人力資源。用義工要用得巧妙，最好是做義工的義工，自己要以身作則。真正的義工是我們自己，自己不能做義工，又如何叫他人來做？」

在修行上，大師也勉勵徒眾：「要自我勉勵：我出了家，雖未成道、未證果，但要悟道。悟什麼道？要做自己的貴人、我是佛、錢用了才是自己的、要待人好、要給人接受等，大家要能學習悟道。

慈悲要有智慧，要有是非觀念，不是濫慈悲。大家要從愚癡、執著、情感的關係中解脫出來。依法不依人，依是非、依正邪、依善惡來做抉擇，就是智慧。」

談及各宗教間的往來，大師說：「與外教徒往來，大家要彼此尊重。除了教主、教義不同，教徒之間都是朋友情誼。」

半小時後，大師示意大眾稍作休息，以便進行下午的課程。弟子們感謝大師上了一堂寶貴的課，問訊後，恭送大師離開。

119 因緣分享

二〇一二年九月十日，大師應「世界經濟論壇」之邀，出席「第六屆夏季達沃斯論壇」，上午於高雄小港機場準備搭機前往天津。

在候機室等候時，一位文質彬彬的男士前來，向大師請法。他表示，常來往於兩岸、歐美做生意，雖然工作忙碌，卻常感到心靈空虛。

大師說：「人生有了信仰，就能擁有最高的價值。信仰要從心裡開採，就能夠取之不盡、用之不竭。對於世間一切，享有的財富比擁有、占有更好。占有不能增加快樂，享有才會獲得更多的歡喜。」

大師又說：「既然你是一個生意人，你更應該了解，活在這個世界上，是因緣讓我們生存。既然別人給我的因緣，我們也要把因緣分享別人，給人信心，給人希望。」

「每個人都要做自己的貴人，只有找到自己，才會成功，才有快樂。」大師如是勉勵。

120
幸福與安樂何處來？

二〇一二年十月十一日，大師應邀於佛陀紀念館大覺堂，為國際佛光會世界會員代表大會來自百餘國、百餘個協會近三千位代表開示。

以「幸福與安樂」為題，大師闡述人間的幸福、安樂何處來？大師說：「『佛在哪裡？』以我出家七十多年的體會，原來千尋萬找，佛陀就在我們心裡。一個人出生在世間是希望幸福安樂，但幸福不是上天的賞賜，快樂更不是等著佛祖送給我們，人生的快樂，有四種妙法：一、往好處想；二、給人接受；三、享有就好；四、做己貴人。

走上幸福也有四條道路：一、涵養知足淡泊的性格；二、擁有慈悲包容的心胸；三、學習提放自如的灑脫；四、圓滿無私無執的人格。」

「在人際疏離的現代社會，我們要以佛心立足全球；佛教是幸福的宗教，傳播幸福安樂是我們的使命。我們要發願當人間的行佛者，要化娑婆為淨土佛國。」大師如是勉勵有緣的佛光人。

121 佛魔各占一半

二〇一二年十月十三日，長庚醫院一位腎臟科的陳醫師，隨醫療團隊上山，拜訪大師。

陳醫師問大師：「對於英國生物學家赫胥黎（一八二五～一八九五）著作的《天演論》中，提及『物競天擇，適者生存』，或是『弱肉強食』這些觀點，大師有什麼看法？」

大師說：「物競天擇、弱肉強食，確實是世間的現象、實相。甚至有些生命體，必須靠著殘殺異己，才能維持自己生命的存續。如獅子、老虎，若是沒有羚羊、小鹿、斑馬可以獵食，又怎麼能生存下去？又假如沒有獅子、老虎來吃羚羊、小鹿、斑馬，這些較小體型的動物繁殖過快的話，那世界的生態很快就不能平衡了。所以這個世間，有靠殘殺其他生命，來維持自身生命的眾生；然而，也有愛護生命、保護生命，為群體生命創造未來的一類眾生。」

大師又說：「這個世界上的善惡、好壞要統一很難，因果業力是很複雜的；這個問題只能說明，我們的世間，是佛、魔各半的世界，是善、惡各半的世界，是生、死一半一半的世界，要懂得它是自然的現象。不過，我們可以運用我們的智慧、慈悲，慢慢的去影響，把壞的一半、惡的一半轉變成好的，這是我們應該要努力的地方；『一燈破千暗』，不要想要消滅黑暗，只要點亮我們心裡的燈光。」

122 包容就是空

二〇一二年十月二十八日中午，大師於佛陀紀念館與江蘇省揚州市市長朱民陽率領的揚州市政府代表團一行九人「素齋談禪」。

大師說：「有朋自故鄉來，不亦樂乎。本山吃、住、交通都很方便，歡迎大家常回來。

『緣』這個字，恐怕是世界上最有意義的。整個宇宙所有一切，要能運轉成就，都需要因緣；人一生的成長，也仰賴父母、師長、朋友、社會的照顧，才能生存，假如沒有這許多的緣分，人如何活下去。人世間每一個人要存在，要仰賴因緣，要隨順因緣，也要培養因緣。

包容就是空，空可以包含所有東西，有好的，也有不好的，無論好壞都要能包容，就像大海容納百川。」

123

百萬人興學行腳托缽

二〇一二年十月二十九日深夜近十二時三十分，大師至本山不二門等候參與「百萬人興學行腳托缽」夜歸的叢林學院師生及本山職事，計一一〇人。

大師說：「你們為了佛教、常住及大眾外出行腳托缽，接受民眾供養，同時讓投缽者廣種福田與功德。所謂施者、受者，等無差別，你們和投缽的人同樣有功德。」

124
忙是營養，忍是力量

二〇一二年十一月十七日，新加坡佛光山舉行「星雲大師傳燈展」，以多元的影視媒介，讓新加坡民眾得以跟隨大師的一步一腳印，追尋一代高僧艱難弘法的歲月。大師應邀出席，與新加坡副總理張志賢共同主持開幕典禮。

大師致辭表示：「忙是營養，忍是力量，『忍』可做為在家修行的第一步。忍不是吃虧，不是消極忍受；忍是力量、智慧，生命在世間要有力量，要有智慧才能存在。『忍』促使人們進步，也能化解問題，讓壞的大事化小、小事化無，好的事情則可以昇華。」

125 第一屆星雲教育獎

二〇一二年十二月二十九日，大師受邀出席於佛陀紀念館大覺堂舉行的公益信託星雲大師教育基金「第一屆星雲教育獎」贈獎典禮。

大師致辭表示：「教育就是營養。一個國家、團體及個人要有成就，都要從教育著手。」

談到教育方式，大師認為：「教育不在多，一句話、一個字給人助緣也很重要。教育也不一定要老師來教，要從自我教育開始。能自覺，要給人接受、要勤勞服務、待人有禮貌，做事負責任，自己對人生負責。」

「獎金雖然不多，但心意無限，希望受獎者能感受到各方人士的鼓勵。」

大師如是說。

126

世間最重要的就是好人

二〇一三年一月一日下午，大師受邀出席佛陀紀念館落成週年慶系列活動——「梵音讚頌祈和平音樂會暨三好人家頒獎典禮」，為三百戶「三好人家」授證。

大師開示：「世間上最重要的就是好人，『好』，代表能給人接受、給人歡喜。好的因緣，如同好的種子；播下好的種子，才能結出好的果實。我們不但要做好人，家庭也要好；家庭要幸福和樂，必須要有和氣、和諧，要以和為貴，即是『三好人家』。三好人家，要把『三好』做為傳家寶。」

127 法語不是斷吉凶

二〇一三年二月八日上午，大師至佛陀紀念館金佛殿禮佛，見殿內沒有訪客，便集合在殿堂服務的知客師，了解服務過程中是否有遇到什麼困難。

有徒眾請示大師：「一般人來金佛殿抽法語，都會問一些奇怪的問題，如升官發財之道、如何生兒子、怎樣考取好學校……總以為來拜佛求佛，佛祖就一定會給他答案，遇到這類的情況，應該怎麼為他們解法語呢？」

大師說：「法語不是求籤，不斷吉凶，最重要的是給人信心、給人希望。古德詩詞可以啟示人生，讓人有想像空間，沒有好壞之分，好壞皆有因緣。世間無常，無常是真理，任何變化都有因有緣。求佛、拜佛是求佛祖給自己力量，讓我發心，並不是請佛祖告訴你好或不好，把責任都丟給佛祖。」

大師也勉勵徒眾，法語本身就有意境，不是字面上來解釋，可以說是意在言外，如果能將法語熟讀、背誦後，就能慢慢體會其中的意思。

128 宗教有力量安定社會

二〇一三年三月七日，北京龍泉寺監院賢立、賢威、賢高法師等僧信二眾一行二十五人，至本山、佛陀紀念館參訪，並向大師請法。

大師說：「宗教是安定社會的力量，有維護社會秩序的妙用，尤其是佛教。如果能好好利用佛教，對民族的和諧有很大的幫助。」

大師又說：「發心多大，成就就有多大。心胸能包容宇宙，天地都在心中，包容多少，成就就有多少。我們的心好像一塊田，要開發土地才能種花、種樹，開發我心裡的田地，能生長萬物，成就自己。人要有志，有志者事竟成，有發心就沒有困難。」

129 轉壓力為動力

二〇一三年三月二十四日下午，大師在台北人間衛視攝影棚，接受鳳凰衛視導演 Ray 訪問。

提問：「這個世界變化太快，每個人累積過多的壓力和苦悶，要用什麼樣的智慧來對應呢？」

大師說：「世界變化很快，不過，我們人心變更快！問題是，心裡的壓力到底是從哪裡來的呢？壓力看起來是從外面來的，但其實是從內心裡產生的；心中有很多的嫉妒、愚癡等，這許多心裡的障礙，都是讓人難以承受的負擔與壓力。你跟著世間轉，就感受到壓力；如果讓境界來轉變你，壓力也會很大。如果你有修養，為自己增加力量，就能轉變境界，就不覺得這個社會有什麼壓力了，甚至還能把壓力轉化成為向前的動力。」

提問：「什麼叫大智慧？」

大師說：「大智慧是對宇宙人生有一種透澈的了解。釋迦牟尼佛對人生透澈了解，他開悟了，他悟的道理就是大智慧。所謂大智慧，要知道這個世間，不是一個人就能單獨存在，這個世界是要彼此融和、彼此合作，所謂『眾緣和合』，每個人的存在，必定要靠士、農、工、商各界很多的因緣幫忙。同樣的，我也要廣結善緣，幫人家的忙；肯得服務，肯得為人設想，這就是大智慧。」

130

發願做菩提燈

二〇一三年五月二十四日上午，大師受邀出席在日本本栖寺華藏寶殿舉行的「國際佛光會世界總會亞洲聯誼會」開幕典禮。

大師開示：「我們中國人和日本人都稱『兄弟之邦』，和韓國也都是敦親睦鄰，如同兄弟。在新加坡、馬來西亞，華人也有幾百萬，也可以說，華人把中華文化傳播到亞洲，甚至於全世界。日本從唐朝的時候，就有遣唐使到中國，除了政經以外，尤其把佛教傳到日本來。我的同鄉鑑真大師，他在一千二百年前就把佛教帶來日本，花了十二年的時間，經過多少苦難，以及六次失敗，幾度危險，幾乎喪失生命，但是他毫不畏懼，『為大事也，何惜生命？』鑑真大師的這兩句話，值得我們今天深思。」

大師又說：「現在全世界都有佛教，不過，佛教的人口以亞洲最多，以亞洲的佛教最為普及。你們都是佛光會的一粒菩提種子，回到各個地方去，希望能將這顆種子生長、茂盛、廣大。佛光人，我們的志願要像一棵菩提樹，可以庇蔭世間上的人；我們願意做一座菩提橋，讓大家都能行走通過得度；我們要做一盞菩提燈，讓世界上的人看到這盞明燈，照破黑暗，走向光明，獲得幸福前途；我們願意做菩提膠，讓世界的民族不分你我，不要對立，像強力膠一樣，大家都能凝聚在一起。」

131 成功的要訣

二〇一三年五月二十六日晚上，大師在日本群馬縣澀川市伊香保森秋旅館，與日本地區徒眾接心講話。

大師說：「我講話是『一音演說法，眾生隨類各得解』，雖是師徒接心，你們找在家居士來聽，我也很歡喜，沒有什麼不能聽的話。四眾弟子，你不能分出家眾、在家眾，現在我們家大業大，如果分別心大，就不能萬眾歸心。

出家人怎麼樣才能成功？一般講，你要會說法、會法務、會典座、會知客、庫房、總務、接待等等。你說我不想做，不是你想不想，是你會不會，這個世間哪有你想不想，很多事情不是由得你去揀擇的。」

大師以「通路、合群、親近善知識」教導徒眾步上成功的要訣。

第一、要有十條通路：高速公路、鐵路、海運、汽車道、摩托車道，所有的交通都有通路，你的道路、通道在哪裡？我把這個祕密告訴你們，只要「走出去」。你怎麼不重視呢？因為你平常沒有幫人的忙、沒有同心、沒有肝膽相照，沒有跟人家結深厚的因緣，所以你的通道不通啊！你自私、你自我執著、自我閉塞，所以不得通道，到處不通。沒有通道怎麼辦？要懂得慚愧，跟師兄弟要懺悔慚愧，你慢慢就會有通道，做任何事就容易四通八達。

第二、要合群，心懷平等：佛光會是從上到下都是佛光會，你不能在佛光會裡，又再弄一個松山聯誼會，這樣就有了分別、區隔；我在眾中，眾中有我，我是眾中之一，大家平等融和，彼此都是一樣的。我們是六和僧團，能不合群嗎？但是合群並不是叫人家來跟我合群，而是你要融入眾中。你們將來想做領導、出人頭地、有人緣，就要學習合群，合群要低頭、要謙虛、要服務、要待人真心、要委屈求全、要原諒別人，你對我錯、你大我小、你樂我苦、你有我無，你能這樣做，你就能合群。

第三、要親近五十位長老：佛教衰微的原因，就是一出家就看不起人，一出家就不尊敬長老，一出家就和人對立。我現在有一句名言，一個年輕的出家人，沒有親近五十位以上善知識，不會成功；你要能親近正派的善知識，能聽他講一句、兩句，能引用五十位法師說的話，你必定成功。我們山上有許多長老師兄，都是善知識，你們能和他們來往學習嗎？

132 學習建立「通道」

二〇一三年六月七日，大師應佛陀紀念館館長如常法師恭請，於本山傳燈樓會議室，為百位佛光小姐開示。

大師說：「大家要多關心個人是否有『進步』，要多方吸取經驗，有進步才能成功。成功定義不在名利富貴，而是在於人格美德與修養心性等方面，心境能自在安然，面對任何人事則無愧天地良心。」

大師又說：「大家要學習建立『通道』與福德因緣，讓主管認識、了解自己的專才與個性，另外，要有隨眾的個性，有大眾擁護才能成功，不合群就會走向孤獨道路。平時也要多關心常住的大小事，本山是自己的家，要有生命共同體的觀念。」

133

學習注意自己的動作

二〇一三年八月十七日下午四時，
大師至佛陀紀念館巡視，隨緣指導行政中心職事。

大師說：「人多的時候，在大眾面前，要能學習注意自己的動作。動作要能讓人不知道、看不出來、不引起注意，這就很高明了。」

134 每個人都擁有世界

二〇一三年九月二十一日晚上，大師在傳燈樓會議室，會見大陸中南博集天卷、興業銀行企業家一行二十人。

大師說：「有錢是福報，會用錢是智慧；有的人有錢，卻不會用錢，世間難以周全。世間的財富，有公有的財富、私有的財富；我能晒太陽，熱了吹涼風，這是我們每一個人的公有財富。可以說，世界上沒有窮人，每個人都擁有世界。

佛教講『布施』，不只是布施金錢，你能布施一句好話、一臉笑容、一個方便，或是給人精神上的鼓勵，或是給予無畏的布施，讓人無有恐怖，這也是功德一件。」

135 開悟，是一種靈巧

二〇一四年一月八日下午，大師在法堂會議室，會見武漢大學文學院教授吳光正等一行五人。

大師說：「佛教講開悟，像我們從小沒有進過學校，沒有老師教，也沒有機會研究、學習，都是用耳朵聽來的，或者用眼睛看，從書中看來的知識；不過，在佛教裡主要就是要我們『覺悟』、要我們『開悟』，開悟不是很難的事情，是一種靈巧。在人世間，人和人之間要結緣、要待人好，能緣結十方，就能解決許多根本問題。人和人對立，彼此猜疑、不信任，會造成很多的誤會；彼此不要對立，就能互相信賴、結緣。」

136 我能給人什麼？

二〇一四年一月九日，大師在本山大悲殿接受 TVBS《看板人物》主持人方念華專訪後，與共同參與拍攝的叢林學院學生接心。

大師說：「在世間上，得受一碗飯並不簡單，要經過多少的人力、人工、因緣聚集，才能有這一碗飯。想想自己，我又給了人什麼？給了社會什麼？

在常住，不要怨天尤人，要知慚愧、感恩、滿足，把理念、理想擴大，救助社會，貢獻國家。」

137 留下來服務，給人來玩

二〇一四年一月二十三日上午，
大師至佛陀紀念館行政中心，關心各組工作運行情況。

大師說：「忙，就很有用；不忙，就沒有用。現在我也問你們：新年忙不忙？（大眾：忙！）新年歡喜不歡喜？（大眾：歡喜！）歡喜就是順利，以後平安吉祥。新年煩惱不煩惱？（大眾：不煩惱！）以後就不會煩惱。新年是一個分水嶺，一個開始。

新年到了，大家可能會有兩種反應，一種是『放假了，我要出去玩了！』一種是『新年到了，我要趕快忙，給人家來玩！』一是自己想要出去玩，一是自己留下來服務，給人來玩。你們是第一種人？還是第二種？」

眾人歡喜地回答：「第二種！」

大師微笑地說：「很好，佛光人有服務的性格。」

138 開店永續經營的條件

二〇一四年一月二十四日上午，大師巡視佛光大道、解脫小吃等。

大師說：「空間要懂得運用，讓來客感到便利。餐飲服務最重要的，第一是管理，第二是好吃，第三要有客源，第四要能維持基本開銷。有這四項條件，店才能永續經營。」

139
彼此要諒解不懂之處

二〇一四年一月二十四日上午，佛陀紀念館副館長如元、有賢、有思、有宗法師等人到本山法堂，向大師請法。

大師說：「明天的事，今天就要先想好時空、人事是否有衝突；場所、人力分配要清楚。

今年內，大、中、小活動都要記在心裡，大活動舉辦多少天、花費多少錢、多少人來參加，人力、財力都要溝通。

我們的人眾都是做中學，彼此要諒解不懂之處。屬下有困難了，你能替他擔當、解決，他就會感動。偶爾給屬下打氣、讚美，他也會覺得受到重視，而肯幫助你。」

140 人，很重要

二〇一四年二月二十四日，宗委會主席心保和尚率領宗委慧傳、覺培、如常、慧讓、覺居、妙士、妙凡、慧知；候補宗委覺元、覺禹、慧屏，以及蕭碧霞師姑等人至本山法堂向大師請法。

大師說：「人，對我們人生的重要，不是光活著要人，死了也要人，有病要人，生也要人；人等於我們的眼耳鼻舌身，他是離不開我們的。最能幫忙我們的是人，最能跟我們在一起的是人，最能和我們同心協力的也是人。人和我，人我不分，人我是一個，不是兩個。人間佛教以人為本，我們興隆佛教，也都要有人；我們做法會，要有人；我們集眾，要有人；我們三皈五戒傳戒，要有人。

我要讓佛光山的弟子感覺到人的重要，大家就會知道我們的信徒是『人』，我們教育培養的學生是『人』，跟我們來往的客人是『人』，在山中服務的員義工也是『人』。懂得人的重要，跟人來往，就會尊重他、愛護他、利益他。即使他是壞人，破壞我們，還是不能忽視，因為他讓我們知道要小心謹慎，知道事情的嚴重性。」

141

對大家好，對人好

二〇一四年三月三十日，大師於佛光祖庭宜興大覺寺與南京雨花精舍青年二百餘人接心。

大師說：「你們以後要做什麼？企業家、醫師、作家……不管將來做什麼，最重要的是做人。人是萬物之靈，佛教講，每個人都是佛，我們這尊佛靈不靈呢？世間上，不要想有貴人幫忙，自己做自己的貴人，自己幫忙自己。」

大師又說：「人生以服務為目的，無論是做官或經商，都要存有『服務』的觀念。佛教有兩句話：『欲做佛門龍象，先做眾生馬牛。』先做世間的馬牛，給人騎、給人跑，久了，你才能有用。用，就是給人接受。

人要有自覺：我說話該不該這樣說？做事該不該這樣做？起心動念該不該這樣？想想自己，打從出生到現在二十多歲，對社會、對父母有做出什麼貢獻？對家庭、對朋友有負起什麼責任？事實上，大家一直都是在受人家協助、培養的，父母愛你，老師教你，朋友幫助你。因此，大家也要發心，我要對大家好，對人好，自己就會成功。」

142 選擇良田播種

二〇一四年四月二十一日上午，新加坡金鷹集團主席陳江和闔家及友人等七人至佛光祖庭宜興大覺寺拜訪大師。

大師勉勵於生活中廣行「三好」、「四給」、「五和」，並表示：「我們不是做善事的專家，不過略懂做善事的道理。有時候布施一塊錢，就能成就大事業；但有時布施一百塊錢給人，反而讓他吃喝玩樂，得不到效果。布施如同在一塊田地播種，有的種子播撒下去，日後會成長，有的種子還來不及生長，就給鳥雀吃了。因此，布施也要看那一塊地好不好，才決定要不要播種，要懂得選擇良田播種。

錢是世間法，也很重要，有錢就能做善事，但是善事究竟是有限的、一時的，有善惡、好壞的。有佛法，必定才是最好；就像有時候我不給你錢，只是給一句話：『你要有慈悲心！』就讓人受用無窮了，因為慈悲就沒有敵人啊！」

143 人才比建設重要

二〇一四年五月十八日，宗委會主席心保和尚，率領宗委至本山法堂，針對「本山人才在哪裡？」向大師請法。

大師說：「人才比建設還要重要。目前在佛光山，心裡有菩薩的人不少；心中有鬼的也不少；心中時而菩薩，時而鬼的也不少。佛光山真正需要的人才是菩薩。師兄弟彼此要互相關心，要如菩薩不輕後學，推舉人才，不能互相看不起。」

144 修行不一定是拜佛

二〇一四年六月四日，由於一筆字展於大連美術館展出的因緣，大連工商聯主席馬世俠等一行人至大連凱賓斯基飯店拜會大師。

大師說：「這個世間好好壞壞，一半一半，如同太陽一半，月亮也一半；好人一半，壞人也一半；男人一半，女人也一半。我們只有用善良的一半，去影響壞的一半，讓他們變得更好一點，如此而已。

修行不一定是拜佛、打坐、念經，做善事、說好話、幫人解除困難也是修行。總之，對這個社會有幫助的，就是修行。所以，信佛、拜佛、念佛、求佛都不是很重要，最重要的是要『行佛』。佛很慈悲，我也要做出慈悲來；佛很有智慧，我也要做出智慧來；佛很平等，我也要做出平等來；佛講真理，我也要講真理；佛有忍辱，我也要修忍辱；佛布施喜捨，我就布施喜捨。假如佛教徒行佛的人多了，佛教必定會更好。」

145 宗教實踐與文學創作

二〇一四年九月十三日晚上，武漢大學文學院、武漢大學中國宗教文學與宗教文獻研究中心、佛光山人間佛教研究院共同主辦的「宗教實踐與星雲大師文學創作學術研討會」，於佛光祖庭宜興大覺寺舉行。大師應學術會議召集人、武漢大學文學院教授吳光正之邀，為與會學者開示。

大師說：「有人講《維摩經》是最好的詩歌，《阿含經》是最好的小品散文，《本生經》是最好的故事。當然，初看的時候會覺得神話很多，不合情理，不過，慢慢地、細細地玩味，另有一番的情理就會顯現出來。

有的人出於敬意，把佛陀神格化；也有人覺得自己沒有力量，必須借助『神力』幫忙，以致最後佛和神搞不清楚，佛就成神了。一般民眾相信『神力』，神有力量，神明信仰是有賞罰的，但佛的信仰就沒有賞罰了。過去常聽人說：『你不信教，神就會降災殃給你。』佛不會這麼說。等於這個學校我不念了，轉到另一個學校，佛教在信仰上是比較開放的。

無論是佛學也好，文學也好，我的觀念，就是要跟說話一樣，能給人懂。寫的文章，人家看不懂，講說的經文，人家聽不懂，那就不能達到目的了。所以我這一生，為了『給人懂』，是很用功、很用心的。」

146 參學的重要

二〇一四年九月十五日晚上，大師於佛光祖庭宜興大覺寺主持「人間佛教交流聯誼」，與大陸法子座談，針對眾人提問予以釋疑。

大師首先勉勵法子：「佛門講『參學』，一個出家人一生當中，要接受五十位大德的指示，從他們那裡聽到幾句佛法，或者只是一句，也要能有受用。尤其不能沒有一、二百個出家的同道朋友；讚美人的話，要會說上一、二百句。

和人見面要親切、微笑，也就是要有慈悲。在佛教裡，要想度眾，智慧很重要，但慈悲更重要。很多出家眾不一定有學問，但因為有慈悲，信徒就服他。做一個出家人，要有五年的苦行。什麼是苦行？煮飯、行堂、環保、園藝、打掃淨房等。」

隨後法子提問：「都市道場用什麼模式來發展？」

大師說：「可以用唱歌、禪坐、讀書會等方式讓大家參與，不一定要天天做法會、拜佛。」

提問：「都市道場所有活動都是免費的，但有人提出希望收費，以維持正常運轉？」

大師說：「我在全世界的寺院都不收費，你說我們不能過嗎？我不化緣，不開銀行，也不做生意，我非佛不作，但他們就是歡喜我這種風格；你不收費，他就偏要幫助你。」

提問：「如何不變而能隨緣？」

大師說：「我是出家人，要守持戒律，這是不能改變的；至於別人的事，則隨順因緣，方便是智慧。」

提問：「佛光山如何管理全球化的寺院？」

大師說：「佛光山不管理，重視自覺管理，自我要求。」

提問：「如何讓信眾融入佛教？」

大師說：「要給他有參與感。不讓他做事，就不能產生感情。」

147 契合根機就是「方便智」

二〇一四年十月十五日晚上，大師與南京大學中華文化研究院教授程恭讓在大雄寶殿跑香、談話。

大師提及：「如果沒有大陸的出家人來台灣，台灣就沒有佛教了。大陸出家人來台灣後，舉辦傳戒，讓寺廟有了規矩、有了戒律。過去在家人只有來寺廟燒個香，現在不是，有念經、看佛書、參加活動的，甚至在家人也有傳教師，叫做『檀講師』，如你說『善巧方便』，這是我一生所奉行的。例如有人問我吃素好？吃葷好？我若說吃葷不好，要吃素，他可能就不跟我來往了。我就說：葷食是你們向來的習慣，素食是另外一個境界，你若有心體會，就試試多吃一點素食，慢慢地就會比較出來好或不好。」

大師又說：「有一些人見到出家人就拜，這一條我是廢止的。走路也拜，會客也拜，剃頭、吃飯、禪坐都在拜，不但造成人家不方便，跟你來的那許多朋友看了，心裡也想，哎喲！信佛教這麼麻煩？最後把人都拜得沒有了。拜是可以，但要請到佛殿裡拜。是佛法，有時候不是佛法，要契合根機，契合根機就是『方便智』。」

148 傳禪法之人在哪裡？

二〇一四年十月十六日晚上，大師應禪淨法堂堂主慧昭法師恭請，於本山傳燈樓會議室為禪修師資培訓班，及對有心禪修之徒眾近百人開示。

大師說：「要大死一番，才許汝一個轉身的餘地。你們拜佛，可能沒有認真拜；吃飯，可能沒有認真吃；待客，可能也沒有認真對待，甚至陋習很多，脾氣大、歡喜教訓人、懶惰、跟人比較、計較。要常常問自己：我怎麼辦？我要如何學習才好？我如何才能進步？我如何才能讓人讚美？」

大師又說：「台灣的寺廟中有禪堂的很少，大家還須要多下工夫，禪法才能弘揚普遍。例如要加強：

一、練腿子。若能夠練到雙盤，信徒一看，這我做不到，那麼你的雙盤就能度他。

二、法器要敲得嫻熟。

三、要能講說有禪味的句子。例如：『煩惱不要帶進禪堂！』、『休息什麼！將來可以永久休息！』、『說一句，我們到世間來做什麼的？』、『你要參禪，禪是什麼？』這些句子你要能寫在筆記上，肯跟人學習，肯學習講，等於撿珍珠，要用心撿，才能多少撿到一點。

四、開示的語調要學習。《往事百語》每天讀一篇，一百天讀完，講話就會改進。

大家要多看書，多聽人講話，多學習，多熟記，多拜佛，多反省，多慚愧，多勞動服務，多廣結善緣，這些都有了，經論自然就通。生活訓練不夠，道理不會通的。」

149 吃虧不要緊

二〇一四年十二月十六日晚上，宗委會主席心保和尚至本山法堂向大師請法。

大師說：「『吃虧不要緊』，這句話很重要。在佛光山，每個人都有委屈，每個人都要學習吃虧，要有『吃虧不要緊』的感覺，吃虧就是討便宜。在僧團裡，面對人事，不要不肯吃虧，不要在利益前不肯讓步。我認為，在團隊裡，大家都肯吃虧，僧團就會更高尚。有些人所以退心離開，就是為了不能吃虧。」

150 做一個出家人具備的條件

二〇一五年一月二十一日上午，都監院於本山傳燈樓會議室召開北美洲共識會視訊會議，恭請大師開示做一個出家人具備的條件。

大師說：「修道，不是在安閒、無事裡修，修道的人要為眾生服務，要幫助眾生。可以說，出家學佛就是要犧牲奉獻，如果無益於社會、無益於信徒，出家所為何事呢？」

接著大師提出四點：

第一、要有慈悲：大家在各個地方，與社會、與群眾、與信徒接觸，人家對你的要求就是：你是出家人，有沒有慈悲心？所以，慈悲要表現在我們的待人接物上，慈悲要表現在我們的熱誠服務上。

第二、要有佛法：有了慈悲還不夠，要有整個通盤的佛法，比方要有智慧、要有發心、要傳道弘法，要對常住服務、對信徒服務，佛教各宗各派的道理都要能傳授給信徒，讓他們能得到佛法，可以安身立命，可以做人處事。

第三、要有能力：社會上的人，無論他是學科學的、學哲學的、學醫學的、學文學的，都會要表現各種能力。我們出家人，也有所謂「三刀六槌」，十八般武藝都要能應用。做一個出家人不要想安閒，心心念念要想到服務眾生，要想到「為弘揚佛法也」、「為大事也」。

第四、要有肚量：僧團主要講究「和合」，不一定都要別人同我一樣，對於不同的，我們也要有包容心，所謂「異中求同，同中存異」，「待人好」是根本不能改變的態度。

「肚量」就是包容不同的人、包容對我不好的人、包容能力不如我的人，我要協助他們、幫忙他們、原諒他們，大家友善友愛。

151 如何教導學生？

二〇一五年一月二十九日晚上，大師於本山法堂，與佛光大學校長楊朝祥、副校長劉三錡，以及學校一級幹部等一行二十四人談話。

對於「如何教導學生？」大師開示說：

一、自學：老師用功讀書，講說很賣力，學生聽後，有沒有在他的思想裡起功用？這很難說。所以，教授要讓學生知道自己怎麼學習。

二、治心：學生怎麼管心、治心？不是光靠書本，不是光靠哪個人來講演，而是要自我觀察。《般若心經》說「觀自在」，要觀照自己在不在？你看到人，自在嗎？你對不喜歡的人，自在嗎？你換到另一個環境，自在嗎？對所做的事，能自在嗎？睡覺能自在、吃飯能自在嗎？

佛法不是要你一定要拜佛，而是要學習了解自己；也不一定要你成佛，但是要你開悟，從心裡悟道。

三、愛校：有愛心才會獲得別人的重視。現在的年輕人要給人接受，心中要有愛，愛是做人處事的根本條件。校長可以發動「愛校運動」，學生愛學校，就會愛自己，就會講他是這所學校的畢業生。

四、報恩：每一個人對我都是有恩惠的，我要感謝他。青年學子能有感謝的心，就容易知慚愧、知不足；知道自己不足，就會激發上進的心。

152 開會做什麼呢？

二〇一五年四月二十一日傍晚，
大師應弟子之請於佛光祖庭宜興大覺寺，出席住眾會議指導。

大師說：「我們一次開會要有一次的建議，一次開會要有一次的思想，一次開會要有一次的進步，一次開會要有一次的成就，不然開會做什麼呢？一次開會要促進一次的了解，一次開會要增加一次的情誼，一次開會要多一次共識，一次開會要增加一次團結，這個開會就有意義。」

大師又說：「所謂『信願行』，有了信仰不夠，還要發願、實踐。有一些佛學院的學生雖然也有信仰，但是他只相信自己，不相信別人，不相信佛教；只想到個人要怎麼樣，沒有想到他人要怎麼樣、世界要怎麼樣；因為他不懂。現在我們懂，我們不是個體，不是一個人，世界與我們同在，一切眾生與我們同體，要同體共生，共生共榮。」

153 主管與部下

二〇一五年七月二十二日，任職於金融業的蔡先生，認真努力工作，但工作依然不順，來山散心解悶時，巧遇巡視藏經樓工程的大師，向大師問道。

問：「為什麼我為公司付出很多，但真相沒法被人知道，無法得到主管的認同，永遠被當成是麻煩人物，請問大師，是不是我上輩子造了惡業，這輩子人緣才會不好？」

大師回答：「這是主管與部下的關係問題。人我關係不只是主管與部下，還有夫妻眷屬、兄弟姐妹、親戚朋友、師生長幼等各種關係相處。這就要講到人我之間的對等、善緣、和敬，總之都要好自相處。比方說：互相尊重、互相包容，這就能和諧了！或者是我為你多一些服務、多一些讚美，得到你的歡喜，人我關係也有改進。總之人和人之間，最重要的就是要『給人接受』。給主管冷淡，或者指責、沒有好的待遇，你感覺到這個問題是主管的問題？還是你自己本身的問題呢？有的主管確實對部下太過苛薄、要求太多，領導無方，不是好主管，部下不喜歡，就等於過去皇朝都會被百姓推翻；但是也有很好的主管，遇到不好的部下，不負責任、不守時間、工作沒有交代、懶惰，常常把事情做錯了，這個主管也不能忍耐。所以主管和部下誰對誰錯，這個沒有一定的標準，都是看各個機構，各種人事關係。」

大師強調：「當然人我關係有客觀的標準，這就是『當局者迷，旁觀者清』。是主管對、不對？是部下好、不好？旁邊的人可能會看得比較清楚。若想得到主管欣賞你、提拔你、重用你，你也要對主管付出相當的條件，他就會對你有相當的回報；假如你對他都沒有付出，都是負面的，人我之間就不能調和，就很苦惱。」

大師接著鼓勵蔡先生：「所以我想，要先檢討自己。我與主管，我的工作對得起他嗎？我每天所做的事情，像是他的要求，我都能給他交代嗎？我對他有禮貌嗎？我有尊重他是主管嗎？你先把自己先了解一下，如果你覺得自己沒錯，那確實是主管的不對，不過你也要能諒解，所有的主管都有他領導的方式，他今天做到主管，就是你的上司，你隨從他、聽他的，做的什麼結果他會負責。我想服從、稱意，或者對主管特別殷勤，把一些工作都向他報告，或順從他所要的、他的性格、習慣，希望部下發展的理想方式，朝這個方向去發展，關係會改善。」

大師最後說：「所謂你大我小、你對我錯、你樂我苦、你有我無，就是說主管本來就是大，部屬本來就小，主管本來就是都對，人我相處之間都能這樣逆向思考，人際之間就會圓滿！」

154 做人之道

二〇一五年九月三十日上午，
大師於本山傳燈樓會議室，與申請調職徒眾開示。

大師說：「做人有做人之道，做事有做事之道，出家修行則有修行之道，甚至還有一個『成佛之道』的目標。道，對我們很重要。你們的道在哪裡呢？有些徒眾很有成就、很用心，是有道之人。但也有某些人出家多少年，卻沒有道，說話不講道理，做事不講道理，處眾不講道理，每天在無明、煩惱、愁苦、怨天尤人裡度過。出家了，沒有道，很可惜！

你們當中多數的人有道。為什麼？知道常住行事、知道要發心、要待信徒好、要為常住服務、要修行用功、要讀書奮發向上，雖沒有悟道，但知『道』也不錯了。可是有一些人，不悟道、不知道，也不言道，甚至『講時似悟，對境生迷』，境界一來，道理都派不上用場了。

自己的煩惱、不平、委屈，不能不從心裡去化解。自己不化解，就是再高明的醫生也化解不了。甚至在佛菩薩面前，自己不用心懺悔，佛菩薩也不得辦法幫忙。要自悟自覺！自己要做自己的貴人！出了家，不做自己的貴人，該怎麼辦？能幹的人，大事化小，小事化無；沒用的人，人我是非，擴大事情。

我們是『六和僧團』，與每個人相處都要和氣，不能鬥爭，鬥爭就會兩敗俱傷。出家兄弟或在家信眾，和氣生財，和氣有道。」

155

愛護大眾才是價值

二〇一五年十月六日，
大師於本山法堂，與第七期行政祕書學苑學員接心。

大師說：「在社會上，你們不要以做祕書為目標。當然，如果能遇到好的主管，有一個祕書的團隊，大家集思廣益也很好；如果要實踐理想，未來要做主管；若不能做主管，也要能進入團隊的核心，要有意見，有奉獻。人生的意義，就在你的理想實現。

人世間很現實，你有多少能力，就有多少價值。人生不是靠美貌的價值，待人誠懇、忠誠、負責、能承擔、吃苦耐勞、愛護大眾才是價值。到了一個團體，不要只是在邊緣繞圈子，若只在邊緣，就表示你沒有條件。」

156 幸福靠感覺

二〇一五年十月二十五日，
大師應邀前往主持安徽博物院「幸福生活與中華文化」講座。

大師說：「幸福不是用錢財計算的，幸福是用心去感覺的；只是人經常是身在福中不知福。

修行不一定只是念佛、拜佛、參禪，要修自己的心。

平時要修讚歎法門，修忍耐法門，修慈悲法門，幸福就在真善美裡。

個人可以淡泊清貧，但為了國家，為了社會大眾福利，要積極發展。對別人愈多愈好，為自己的貪求要少一點。」

157 空掉心中的地獄

二〇一五年十月二十六日早上，大師為九華山東崖賓館員工、信眾隨緣開示。

大師說：「人每天多少次上天堂、多少次下地獄，大家知不知道？當你的心生起信心、好心，就上天堂；生起壞心，就下地獄。所以，一個人每天在天堂、地獄之間來去多次，大家要有警覺性，要常在天堂，不要下地獄。

地藏菩薩說『我不入地獄，誰入地獄』、『地獄不空，誓不成佛』。那麼，地獄會不會空呢？地獄的眾生能度得了嗎？難道地藏菩薩永遠不能成佛？會成佛的！因為地藏菩薩發大願力，他心中的地獄眾生空了，就能成佛。」

158 三好校園培養好國民

二〇一五年十一月二十日上午，大師應邀為佛陀紀念館五觀堂召開之「第五屆三好校園實踐學校共識營」開示，勉勵七十二所新獲選三好校園實踐學校校長、典範及觀摩學校代表二〇五人。

大師說：「《楞嚴經》有句話：『從聞思修，入三摩地。』聞，就是聽；思，就是想；修，就是實踐。以聞思修的次第，才可以達到目標，才能達到目的地。三摩地就是正知正見，正確的目標。

『聞』的重要性，像我沒讀過書，我的知識都不是從眼睛看來的，是從耳朵聽來的，到處聽人家講，聽得了一點知識。說到『聞』，佛經有謂『如是我聞』，要諦聽，要會聽，要認真聽。

話不能聽過就忘記，要思考；看書，要思考；做什麼事，要思考；頭腦裡有用不完的資源，智慧、慈悲、忍耐藏在頭腦，要去思考，把這許多寶藏挖掘出來。思考就是要靠自己學習、靠自己的覺悟，老師是不能代替你的。

『修』，就是學中做，做中學，一面做一面學。」

大師又說：「推動『三好校園』的目的，不只是希望大家做好學生，將來更要做個好國民。」

159 了生脫死的真義

二〇一六年二月三日上午，大師在本山傳燈樓大廳，遇見數十位回山當義工的佛光會員，大眾見到大師甚是歡喜。

一信徒請教大師：「佛教講究『了生脫死』，什麼叫做『了生脫死』？」

大師說：「了生脫死，並不是說人死了以後才了生脫死，而是在我們的修行中參透了生死、看破了生死，不計較於生死，知道生死是輪迴的，所謂『生生死死，死死生生』。我們對『生』心無掛礙，就是『了生』；對於『死』沒有恐懼，就是『脫死』，這不就是『了生脫死』了嗎？」

大師又說：「了生脫死要在人間完成。佛經裡不是說，佛陀為了成佛才到人間來嗎？佛陀成道在人間，不在別的世界。地獄裡有成道的佛嗎？畜生裡有成道的佛嗎？只有在人裡面能成佛，只有在人裡面能了生脫死。」

另一信徒請教大師：「什麼是淨土？」

大師說：「淨土裡沒有政治的迫害、沒有男女的分別、沒有經濟的困擾、沒有交通的事故，安全、美滿、幸福。我們在人間從事佛法義理的推動，讓人安心立命，不就是西方極樂世界嗎？讓人家庭和諧，不就是西方極樂世界嗎？你為人服務，人緣很好，每天都給人讚美，不就是西方極樂世界嗎？還要到哪裡去找西方極樂世界呢？即使有極樂世界，如果你對人間都沒有貢獻，在西方極樂世界能有條件做『諸上善人』嗎？」

160 善用有我、無我的巧妙

二〇一六年二月二十五日下午，
大師於台北道場為各單位職事、職員及義工等近百人開示。

大師說：「我做事有個原則，我是從『不要』、從『給』裡面，慢慢找出一條路來。現在有許多大財主的家庭，為了爭產而到法院去打官司，鬧得整個社會沸沸揚揚。我想，有人也會掛念：將來佛光山會怎麼樣？不會有問題，因為佛光山的大家都『不要』。佛光山是哪一個人的？不是你們哪一個個人的，是大家的，『我』只是眾中的一個，因此所有一切都要付之於大眾。你在大眾裡，能讓大家接受，與大眾和諧，不要怪僻、不要孤僻，就會有前途，就會有辦法。」

大師又說：「**這個世界很奇妙，你覺得『都是我的』，就會肯去做、肯去努力；你覺得『都不是我的』，就會肯得布施、肯得喜捨、肯得融入大眾裡。善用有我、無我的巧妙，人生必然能走上成功之道。**」

161 聰敏靈巧

二〇一六年二月二十五日晚上，
大師於台北道場與在人間福報社服務的徒眾接心。

大師說：「人有靈魂，報紙也有靈魂，《人間福報》的靈魂就是你們。人沒有靈魂，就沒有用，你們在《人間福報》，不做《人間福報》的靈魂，那何必在《人間福報》呢？總之，做什麼一定要全力以赴。我是一無所有的人，但我有靈魂，佛教的靈魂是我，我要為佛教！

人，不是對別人負責，是要對自己負責，天地都在我的心中，北宋張載說『為天地立心，為生民立命，為往聖繼絕學』，既然要做，就要把它做好。要用巧力，不是用蠻力。今年春聯我寫的是『聰敏靈巧』，你們去思考，怎麼靈巧？怎麼爭取時間？人生三百歲，你如何一天做幾個人的工作？」

162 半碗鹹菜的意義

二〇一六年三月四日晚上，大師與佛光祖庭宜興大覺寺住眾接心後，返回法堂，隨緣為隨侍在旁的弟子談「半碗鹹菜」的意義。

大師說：「在叢林裡，死了人，都沒有人知道，只有抬出去火葬以後，晚上做晚課，要去他的靈前回向，才知道某人死了。記得過去寺裡有間地藏殿，每天晚上我們從學院到舍利塔散步，都會聽到幽冥鐘的鐘聲，有一次，好幾天都沒有聽到，大家感到奇怪，跑了去看，沒想到敲鐘的人早就死了。過去我生病時，住在一間小房子裡，那裡都沒有人。我想，應該就是等死了。忽然，有一個小男孩，在叢林裡叫做『小老』，也就是『小跑腿的』、書僮，捧著茶杯來，裡頭裝有大概三分之二滿，沒有油的鹹菜。他說：『你師父叫我送來的。』他就只說這麼一句話，別的話也不會說，但在我心頭，卻是百感交集：『師父怎麼知道我病了？怎麼知道我不能吃油膩的東西？怎麼知道送這碗鹹菜來？』當時我心裡有無限的感恩，雖沒有說發大心、立大願要來報答他，但是心想：

『我將來一定要弘法利生，報答他的恩惠。』這不是人情，而是信仰。

半碗鹹菜，在窮苦的時代裡價值很高。換作現在，即使是一大碗肉，也沒有什麼了不起。現在的人沒有感恩心，對於別人為自己所做的一切，覺得都是應該的。在這個社會裡，『感恩』很重要。」

163 放生不如放人

二〇一六年四月二十九日下午，大師在北京光中文教館，針對「放生」議題，接受中央電視台記者童盈小姐採訪。

大師說：「放生，本來是好事，但是今日的放生已經完全走樣，不叫『放生』，而叫『放死』。例如，有人說，我過七十歲生日，你去抓一些鳥給我放生；等到要放生時，鳥都已經熱死在籠子裡了。也有人說，我過八十歲生日，你捕一點魚給我放生；等到要放生了，魚蝦在小盆子裡也已經死去一大半。所以，現在的放生不但沒有功德，還造下無邊的罪業。」

「放生不是在貪圖個人功德，放生已不合時宜，要保護動物，才是行善積德。現在社會，與其說『放生』，不如『放人』；你對人間社會，多做一些好事功德，讓需要幫助的人得到希望和生路，這比放生更有功德。」大師對放生提出佛法新解。

164
因緣比競爭重要

二〇一六年五月一日下午，大師於北京光中文教館為北京大學、清華大學、人民大學、北京師範大學以及內蒙古、齊齊哈爾大學學生等近二百人開示。

大師說：「禪不是佛教的，不是佛陀的，不是和尚專有的，是你們的本來面目。人人心中有禪，就能認識自己。禪如畫，有禪，氣氛就不同；禪如花，有禪，美感就不同。有了禪，說話、動作、氣質會不同。禪是幽默。對於難解的問題，有了禪，幽默一笑就能解決。禪是〇。〇看起來是沒有，但也是無限。例如：一的後面加個〇，就是十；一百的後面加個〇，就是一千。」

隨後大師保留一些時間，給同學提問。大家紛紛提出問題。

提問：「什麼機緣讓您推動『人間佛教』的理念？」

大師說：「是性格。我從小就有人間性格。佛教以人為本，人間佛教的事業就是要讓人幸福安樂、安全平安的。」

提問：「如何面對競爭？」

大師說：「人生不是為別人，是為自己。不要比較、不要計較，有因緣，好人好事就會來找你；沒有因緣，煮熟的鴨子都會飛了。因緣比競爭重要，平時就要廣結善緣。」

提問：「如何面對年老及死亡的恐懼？」

大師說：「當生而生，該死而死，生死是自然的問題。」

提問：「人間佛教相信生辰八字嗎？如何改變自己的命運？」

大師說：「佛教不講生辰八字，那是迷信。世間沒有標準，不同的區域，時間會有不同，哪裡有什麼生辰八字？佛教講『業力』，凡事自作自受，也講『無』，凡事都沒有定型，只要勤勞，就能發財；只要努力，就會成功，一切操之在己，自己要做自己的貴人。」

提問：「未來在情感方面如何能比較順利？」

大師說：「結婚如賭博，輸得多贏得少，各人有各人難念的經。」

提問：「佛門裡佛菩薩的成道、誕辰紀念日是怎麼產生的？」

大師說：「心中有佛，有沒有佛誕節不要緊；心中沒有佛，有佛誕節也沒有用。假相一場，不值得計較。」

165 體育助長弘法度眾

二〇一六年五月二十一日，大師於日本澀川市綜合公園體育館，為參加「國際佛光會世界總會亞洲聯誼會開幕典禮暨運動會」的八百多位佛光人開示。

大師說：「佛教要這麼樣的熱衷於運動嗎？我告訴你們，佛教舉行運動會是非常重要的。過去古德要去朝山，三跪一拜，就是運動；繞佛，就是運動；甚至佛教重視的參訪、行腳、雲水，也都是運動。就連參禪，都有動中禪；念佛，念了以後，要起身圍繞走動，也是運動。佛教的弘法，一場講演，頂多二、三百人聽；可是一場球賽，卻能有二、三萬人看。所以，體育對弘法度眾，增加佛教人口，是很重要的。」

166

讀透這一本「人」書

二〇一六年七月三日下午，大師應上海圖書館之邀以「書中的寶藏」為題作講演，有上海圖書館館長吳建中、副館長何毅等一千多人與會。

大師表示：「說到讀書，學校老師教授我們的是知識，不算是真正讀書的意義。真正的讀書是自學。曾子說：『吾日三省吾身。』要自己思考、自己自覺。『從聞思修，入三摩地』。不是眼睛看而已，還要聽聞，讓宇宙間所有的理路，都能在我的心上有通道，和世界遠近十方做種種交流。讀書，能改變觀念、改變執著，錯誤觀念一改，人生其樂也無窮。

過去中國有句話說：『書中自有黃金屋，書中自有顏如玉。』這只是膚淺的說法，書中不只有黃金，也不只有美貌，書中藏有無限的寶藏。比方《論語》裡忠孝仁愛信義和平、禮義廉恥的道理，就是從人到達聖賢的道理。」

談及「仁」，大師說：「這個字很微妙，一個『人』字旁再加兩橫，意思就是心中要有人，你能包容人，就是仁愛的心。

相反的，自私、傲慢，心中只有自己，那是不能成功的。

我們復興中華文化，要知道『天外有天，人外有人』，可以無我，但不可以無『人』。每一個人都要覺得『我在眾中』，不能單獨存在。如果獨來獨往，人家不肯接受我，我不像個人，也就是沒有仁義了。

『義』比『利』重要，利有爭執、有罪惡，但『義』都是好的，錢用了就沒有了，但『義』是用不完的。三十年前、二十年前，你曾對我有一個情義，我永遠都會心存感謝。所以，書中的寶藏，仁也好，義也好，能取得其中的寶藏，成為自己的，那就不只是黃金屋、顏如玉而已了。」

大師又說：「佛法不是用看，而是用聽，佛經說『如是我聞』，而不是說『如是我看』。『聽』的好處比『看』多，比方事情過後就看不到，但是我可以講給你聽；遠處的東西我看不到，但是透過網路，無論你是在世界上哪個地方發言，我都可以聽得到；隔一道牆壁，彼此看不到，不過講話的聲音可以聽得到。《楞嚴經》說：『此方真教體，清淨在音聞。』也就是『如是我聞』的意思。」

167 警察是土地公

二〇一六年七月十五日，大師於佛陀紀念館會見屏東縣政府警察局潮州分局分局長顏榮泰、副分局長李忠華一行三十餘人。

大師說：「警察過去有『人民保母』之稱，但現因民主風氣大開，社會風氣變化，所以現在的警察難為。警察難為，所以要學習忍耐。忍耐是力量，不是怯懦，是擔當、負責的智慧展現。有的人，你用慈悲就能攝受他，有的人卻要力量才可折服；如同一個家庭，有慈悲的母親和嚴格的父親，在人的成長中，別有意義。警察即是以威武力量嚇阻惡人，維持社會的治安。人在公門好修行，人與人之間要廣結善緣，莫結惡緣。人民歡喜警察的服務，但有時也會惡言惡語；能夠忍耐，也就心安理得，功德無量。過去人民心中的警察是土地公、城隍爺，警察也要期許自己成為現代人民心中的土地公和城隍爺。」

168 學習鸚鵡救火

二〇一六年七月二十二日，大師在法寶山藏經樓社教廣場，出席「第六屆世界佛光童軍大會」開營典禮，為五十一團、近一千四百位佛光童軍開示。

大師以「鸚鵡救火」的故事，說明鸚鵡啣水救火，雖然滅不了熊熊的烈火，但每啣一滴水，都是牠為森林所盡的一份心力。

大師說：「『鸚鵡救火』是現代人都要學習的精神，每個人都要為社會的美好，盡自己的一份心意。童軍也要發心像救火的『鸚鵡』，勇敢不害怕。童子軍的信條是『日行一善』，而佛光童軍奉行的信條則是『行三好』，自己心好，然後對父母、老師、同學也都能說好話、做好事。」

大師希望佛光童軍，在家對父母要恭敬孝順，出門、回家要向父母清楚稟告，並主動協助家務，成為一名偉大的佛光「三好」童軍。

169 與大師面對面

二〇一六年七月三十一日，大師出席佛陀紀念館大覺堂「與大師面對面——張大千書畫展‧星雲大師書法展」開幕典禮。

大師說：「感謝歷史博物館館長張譽騰促成這場盛會，讓大眾有因緣看到張大千的一流書畫作品。張大千曾經出家當和尚，『大千』就是他的法號。後來雖被家人找回去，但他一生對佛教貢獻卓越，並將中華文化帶到西方國家，其藝術成就獲得國際人士的讚揚。我非常榮幸自己的一筆字與張大千的書畫作品共同展出，我自知一筆字無法和張大千比較，但由於史博館的促成、徒眾的鼓勵，以及各界的佛緣善根，今日有緣可以與大千居士同館展出。」

「我的字不好看，大家可以看我的心。這些字墨，都是古德的法語、智慧，是處世的座右銘，我借來和大家分享佛法裡充滿哲學的理、文學的美。」大師如是說明「一筆字」蘊藏的精神與內涵。

170 人生的意義是融和大眾

二〇一六年九月六日下午，台東均一中小學董事長嚴長壽陪同友人前文化部部長龍應台女士來山拜訪大師。大師帶領貴賓參觀興建中的藏經樓，並於北塔談話。

大師首先讚歎嚴董事長的父親是一個君子，過去在上海也是很有頭面的人，但為人很和善慈悲，沒有官僚架子。

龍應台女士請教大師：「假設人的生命走到盡頭，有一扇門擋著你走過去，你覺得那扇門的後面是黑暗還是光明？」

大師說：「佛教有首偈語：『欲知前世因，今生受者是』。過去我做了什麼，現在的生活就是怎麼樣；『欲知未來果，今生做者是』，現在你怎麼栽種，未來就會怎麼收成。總之，佛祖、神明不會控制或是賜予我們什麼，一切都是操之在我。至於人往生以後，據佛教說『中有身』，從這裡到那裡的過道，有黑暗也有光明，你做的好事多，光明就多一點；做的壞事多，黑暗就多一點。」

龍應台女士再問大師，「如果有個十歲的小孩問你：『人生的意義是什麼？』你怎麼回答？」

大師說：「我想，人生的意義是融和大眾，為眾服務。」

171 感謝的藝術

二〇一六年十月七日，長期護持山上各項活動的功德主李美秀師姐，興高采烈地帶著孫子上山拜會大師。

李師姐一行人離開後，一旁的徒眾向大師問道：「李師姐常常來拜訪師父，為什麼師父每次總有辦法讓他歡喜地回家？其中有什麼祕訣嗎？」

大師回答：「『一斗米養個恩人，一石米養個仇人』，這個話有很深刻的意涵。為什麼？他吃慣了你的、用慣了你的，你對他太過好，過分了以後，會覺得這是應該的。所以，如果你稍微對別人好一點，對他差一點，他就認為你不應該，你過去對我怎麼樣，現在怎麼樣……。跟這種人交朋友，不要太好，保持一點距離，君子之交才能長久。

也有另一種人，他知道感謝：『哎呀！實在受不起，昨天吃了你的麵，今天又吃你的麵包。』這人心裡面一直覺得很過意不去，承蒙你那麼多照顧。這種朋友，對他多少好，都不怕！因為你待他好，他總會慚愧地想：『你給我這麼多，而我給你的太少，我應該怎麼樣回報你！』」

大師繼續說：「一直以來，我都很尊重護法信徒，也時時心存感恩圖報。你待我這麼好、供養我們、護持常住，但我是一個出家人，不會因為你給我一點什麼，我就跟你打躬作揖、怎麼奉承。我與信徒之間的來往，不是交換式的，當中要有分寸，要考量時空、地理、人事當中的各種關係。

信施的供養、護持，固然感念在心，但是如何感謝，也是一門很大的藝術。例如讚美很多的好話，像是你很發心、功德無量；或者問候對方：『吃過飯了嗎？我也可以請你吃飯、吃麵。』此外，人情來往，還需要智慧，要能超越。例如我對李師姐說：『李師姐啊！我今天來跟你們見面，特別穿了你送的衣服（夾凳子）。』這句話讓李師姐好像遇到知己了。我又說：『我在揚州和市委書記會面，就穿這個衣服，市委書記看到也說：大師！你以後會客就穿這個衣服就好了！』李師姐一聽，就感受到了我對他之前的孝敬心，是滿懷感謝之意的。」

大師最後說：「所以，人我之間的感情來往，要能超越到心靈的層面——要給對方歡喜，應對交流之中，不能只有表相上的互動，看起來我好像不著力的接待對方，實際上我是用真誠的心意與對方相互來往，如此才能皆大歡喜啊！」

172 不貪圖高利，不計較得失

二〇一六年十月二十九日上午，佛光緣美術館總部於本山雲居樓二樓舉辦「全國義工聯合講習會暨授證典禮」，大師應邀為四百位義工開示。

大師說：「當初孟子見梁惠王，王曰：『老先生，何以利吾國？』孟子不客氣說：『有義就好，何必談利？』在人世間，『利』對生活很重要，但是『義』，人的氣節也很重要。中國的社會主張『義』，人沒有地方住，就建義館、義莊給你住；沒有水用，就鑿義井、義河給你用，甚至還有義田、義地等等，因為大家都重義，所以社會就和諧。

在佛教裡，講究『慈悲為本，方便為門』，慈悲就是仁義，方便就是智慧、服務。因此，過去無論佛教也好，儒家也好，在中國撐持了人生天地。假如沒有佛教的慈悲方便，沒有儒家的仁義道德，這個社會不知道會腐敗到什麼程度。

做義工不完全是沒收入，而是不貪圖高利，不計較得失。義工並不是說絕對不要錢、不要獎狀、不要人家感謝，而是服務的當下，要朝好處想、朝好處做，要對人有利益，以助人為快樂之本。人家給予我們感謝、獎狀、讚美、獎金，要接受，這是互相的關係，是當然的。

世間一切大眾都有恩於我們。例如：沒有農人種田，我哪裡有飯吃？沒有工人織布，我哪裡有衣服穿？沒有公共汽車，我哪裡能出門？因為有這許多恩人，我在世間上成長，才有方便，才有快樂，所以我也要對世間表達奉獻、慈愛、施捨，造福人間。」

173
你好，我好，大家好

二〇一七年十二月十六日，大師至雲居樓二樓，與近千名參加「找到心方向」中華佛光青年團圓大會暨迎新活動的佛光青年接心開示。

大師說：「回憶自十二歲出家，至今九十一歲，一生做和尚，奉獻給佛教，覺得這樣的人生很好。

要明白『你好、我好、大家好』。青年創造自己、創造人間、創造大眾，把自己一生的歲月發展到最好，甚至將這份好也帶動周遭的人一起表現，這樣不但對自己好，也讓人間更美好。」

174 發心只有增加不能減少

二〇一八年三月十七日上午，大師於佛光山法堂，為甫剃度出家、入道徒眾十四人開示。

大師說：「今天大家初發心入道，這個發心是要永久的，只有增加不能減少。我十二歲出家，現在九十二歲，出家八十年來，沒有到過在家人的家裡住過一天，我一生都做出家人，這一生只有『出家、出家』、『做和尚、做和尚』的信念，可以說是很有福報的。我看到很多的出家眾，因為遇到困難，最後就選擇還俗，很可惜，既已出家，一生一世不能還俗，出家這條路是永遠不能回頭的。你們要為自己，永久發心，不退轉！

人生困難必定是會有的，弘法過程也會有困難，正好給我們修行的機會。你們在道場裡，要經常禮拜、發心，就能不退轉，只要發心就沒有困難。很多人雖然活了百年，卻沒有我的生命長久，為什麼？我擁有為大家、為佛教的發心。常住需要好幾位當家、主管來共同管理，未來不論常住調派你們到哪一個地方去，不必選擇，大陸、香港、新加坡……都很重要，每一個地方都是我們出家人發心做事的地方。」

大師接著說：「現在很多事情我都記不得了，但只想到要永遠發心，並沒想過我是師父就很偉大，佛教才是最偉大。自己要肯定自己，什麼事都可以找師兄弟研究。」

大師又說：「現在講話即使兩句話都很困難，但心裡很明白、頭腦很清楚，自己的福報有多少也很明白，剩下的時間還是會為佛教發心。如果不為佛教，能為什麼？如果不為本山奉獻，要做什麼？每個人都要肯定自己。」

175 看得破，就有得過

二〇一八年八月二日，大師在本山傳燈樓四樓集會堂，與參加「二〇一八年國際青年生命禪學營」近八百名青年接心，回覆眾青年的提問。

大師開示：

一、小時候，我沒有到學校念過書，十歲的那一年，又逢中國和日本作戰，不過受外祖母身教的影響，知道要做好人。我這一生，到現在九十多歲，只專注一件事，就是做和尚。雖然生病，但只是有點不便，並不覺得痛苦。

二、身為一個修道人，對於生死、好壞，不應太計較，幾十年的出家生活中，一直很歡喜，沒有生死的煩惱。

三、信佛，信得歡喜就會有所得；凡是對人有利的就去做，要和別人共享歡喜與成果。

四、兒時經歷戰爭，多次差點被槍斃，但不覺可怕。感謝佛祖保佑，讓我活下來，覺得這樣也是生命的一種經歷。

五、「只要看得破，就有得過。」從來不覺得人生艱難，這一生很歡喜，沒有痛苦、也沒什麼遺憾。

提問：「如何不忘初心？」

大師說：「這不是別人能為你作主的，由你自己決定。」

提問：「青年學生應該樹立什麼樣的理想，尋找到自己的人生使命？」

大師說：「要想找到人生的未來，從現在就要開始做。所有一切人等都是我的親朋好友，你要跟隨他、幫助他、利益他，這個世界才是你的。」

提問：「如何看待壞人得不到懲罰，善人得不到善終這件事情？」

大師說：「這個世間上，誰是好人、誰是惡人，在分寸上要注意、了解。不過，是好人，你不會用他，好人也會變得沒有用；是惡人，你會用他，也會有力量，可以幫助好事的成就。所以我想，**別人是什麼樣的人不重要，自己是什麼樣的人很重要。**」

176

一顆蘋果，滿滿心意

二〇一八年九月十四日，大師心繫均頭中小學的孩子們。在中秋佳節即將來臨之際，想到為孩子們做一件特別的事情。

大師說：「贈送全校師生，每人一顆大蘋果。」

董事長覺居法師遵從大師的心意，特別挑選了足夠數量的蘋果，在全校集會時，由輔導主任覺森法師代表贈送，並說明：「雖然蘋果常見、常吃，甚至有人不一定愛吃。但是這顆蘋果，傳達了大師對下一代孩子們關心滿滿的心意。重要的是，藉著這顆大紅蘋果，希望大家在內心當中，接收到了大師慈悲祝福的心意。」

校長劉素滿十分感恩，帶領全校師生合唱〈感恩的心〉，又有八名九年級同學，代表全體學生朗誦感謝詞。

177 化敵為友創造雙贏

二〇一八年十二月二日《聯合報》刊出大師的文章〈敵人——激發我們潛能，可當朋友不可怕〉。

大師在〈敵人——激發我們潛能，可當朋友不可怕〉一文中提到：

一、敵人，也有學習效法的地方。

二、敵人，也有互相競爭的動力。

三、敵人，也有激發潛力的功用。

四、敵人，也有成為朋友的可能。

大師說：「『敵人』可遇而不可求，是可以成就一個人的『善知識』。如果最後能『化敵為友』，就是一場『遭遇戰』之後的雙贏局面。」

178 先給人

二〇一九年七月十三日上午，大師在佛光山法堂聆聽叢林學院英文佛學班同學、短期出家戒子、佛陀紀念館佛光小姐的心得報告後，有侍者向大師請示。

侍者問大師：「您一輩子度化很多人，您是如何一路都保持法喜、願力的？」

大師說：「我一生的願望就是凡事讓人歡喜、讓人快樂。我有一點與別人不同的，那就是：**先給人。例如給人一句好話，為人指出一條明路，或是幫人家的一點忙；你能給人家因緣，自己才會有因緣。**」

179 成長靠自己，成事靠集體

二〇一九年九月二日至十一日，本山傳燈會為培養佛光山未來人才，舉辦為期十天的「二〇一九年儲備人才研習會」，近八十位徒眾參加。二日晚間，大師特別與學員接心。

大師說：「徒眾人人發心服務，成長要靠自己，成事要靠集體創造。」

180 防疫做己觀音

二〇二〇年三月九日，大師於本山如來殿大會堂與全山大眾接心開示，並感謝大家為常住用心、用力。

大師說：「我從出生、童年、成長、出家、參學、來台弘法，到建設佛光山，幾次經歷生死關頭仍存活下來，很歡喜自己年輕時候一直都在禮佛、讀書、發心作務中成長，也因為發心獲得了大家的肯定與接受。能付出自己的力量幫忙大家，一切都是佛教的、大家的，與有榮焉。」

大師又說：「大家發心就有希望，有希望就有未來。苦難當中，大家都要奮鬥，困難總會有得救的辦法。」

宗長心保和尚回應大師的開示，並表示新冠疫情讓大家擔心，整個世界陷入恐慌之中。但病毒不可怕，可怕的是我們的無知。要思考如何讓自己安住身心，疫情對我們而言是考驗，可以增加智慧與菩提心。希望大家多注意個人身心健康，及環境衛生，在大師及常住指導下共度難關。

慧傳法師感謝大眾配合防疫，尚未進入第三級防疫階段，請大家不必恐慌。相關防疫辦法及物資，常住皆已準備中，請大家節約資源，並以大師所開示的「求觀音，拜觀音，不如自己做觀音」，在疫情期間與大家共勉。

287 ——— 286

人間佛教叢書

星雲大師如是說 貳 說社會事

星雲大師闡述・弟子輯錄／文稿選編自《星雲大師全集・如是說》

發行人 慈容法師
執行長 妙蘊法師
編輯部 賴瀅如 蔡惠琪／特約編輯 田美玲
美術設計 許廣僑
繪圖 吳沁頤

出版・發行 香海文化事業有限公司
地址 241 新北市三重區三和路三段 117 號 6 樓
110 臺北市信義區松隆路 327 號 9 樓
電話 (02)2971-6868
傳真 (02)2971-6577

香海悅讀網 https://gandhabooks.com
電子信箱 gandha@ecp.fgs.org.tw
劃撥帳號 19110467
戶名 香海文化事業有限公司

總經銷 時報文化出版企業股份有限公司
地址 333 桃園縣龜山鄉萬壽路二段 351 號
電話 (02)2306-6842

法律顧問 舒建中、毛英富
登記證 局版北市業字第 1107 號

定價 (新臺幣)單本 360 元 / 套書 1080 元
出版 2024 年 8 月初版一刷
ISBN 978-626-98849-1-9(單本)
978-626-98849-3-3(套號)

建議分類 勵志｜修持｜管理

香海悅讀網

香海文化

國家圖書館出版品預行編目 (CIP) 資料

星雲大師如是說 . 貳 說社會事 / 星雲大師闡述 ;
弟子輯錄 . -- 初版 . -- 新北市 :
香海文化事業有限公司 , 2024.08
288 面 ; 14.8 X 21 公分 . -- (人間佛教叢書)
ISBN 978-626-98849-1-9(平裝)
勵志｜修持｜管理

225.87 113011278